CÄSAR ODER ERASMUS?

Die alten Sprachen
jetzt und morgen

von
Manfred Fuhrmann

Klöpfer & Meyer Verlag

VORWORT

»Es ist schade, ganz einfach schade um die verdorbene Überlieferung. Ja, sie verdirbt draußen vor den Toren wie eine Fracht kostbarer Nahrung, auf die die Bevölkerung wegen irgendwelcher Zollstreitigkeiten verzichten muß. Die Überlieferung verendet vor den Schranken einer hybriden Überschätzung der Zeitgenossenschaft...«

Botho Strauß, Anschwellender Bocksgesang

Dieses Büchlein ist gleichsam eine Hoffnung ohne allzu viel Hoffnung, oder: es wäre ja möglich, daß sich auf dem Felde des Bildungswesens, dieser richtungslos und jetzt auch ziemlich still gewordenen Einöde, doch noch irgendwann einmal ein neuer Impuls bemerkbar macht.

Man lese nach, wie es zuging, als sich die einstweilen letzte Form der Geistesbildung, die Europa hervorgebracht hat, verfestigte, als – im ausgehenden 18. und beginnenden 19. Jahrhundert – nicht nur die großen Einzelnen, sondern breite Schichten, zumal das aufstrebende Bürgertum, den neuen humanistischen Kanon erarbeiteten: wer sich hierüber mit Hilfe einer Darstellung der Entwicklung des modernen Erziehungswesens ins Bild gesetzt hat, der sieht sich vergebens nach Kräften um, die heutzutage, nach nahezu einem Jahrhundert des Abbaus überlieferter Formen, wieder Universalien des Wissens und wieder eine die Vielfalt der Stoffe durchdringende und prägende Bildungsidee hervorbringen könnten.

Die vorliegende repräsentative Auswahl aus den Vorträgen und Aufsätzen des Verfassers, die der humanistischen Bildungstradition gelten, wurde vom Herausgeber getroffen. Ein gemeinsamer Nenner der darin vereinigten Stücke ist der

Versuch ›rettender‹ Polemik: durch Kritik intra muros, an der Art der Vermittlung der Antike, wie sie von Universität und Schule praktiziert wurde, und durch Kritik extra muros, an dem Werk der Auflösung, das von seinen Urhebern als ›Reform‹ bezeichnet zu werden pflegt.

Die Konstanzer Antrittsvorlesung des Verfassers – »Die Antike und ihre Vermittler« – liegt jetzt mehr als ein Vierteljahrhundert zurück. Einst ein heftiger Appell, einem Paukenschlag gleich, liest sie sich heutzutage fast wie ein Dokument der Philologiegeschichte; jedenfalls ist sie das einzige Stück der Sammlung, das der Verfasser, eine Gelegenheit zu ähnlich grundsätzlichen Betrachtungen vorausgesetzt, in wesentlich anderer Akzentuierung darbieten müßte. Die klassizistischen Schranken, der Mangel an Selbstreflexion sowie manches andere, was damals zu Kritik Anlaß gab: die Entwicklung der Universitätsdisziplin Klassische Philologie hat mittlerweile diesen Rügen weithin die Basis entzogen.

Anders scheint es mit dem zweiten Stück, dem Vortrag »Cäsar oder Erasmus?«, zu stehen. So gründlich die letzten Jahrzehnte die Stoffe und Methoden des altsprachlichen Unterrichts gewandelt haben, so oft versteht man sich noch immer zu einer verfrühten Lektüre des *Bellum Gallicum* und ähnlichen Mißgriffen, wobei man sich gern der trotzigen Begründung bedient, daß sich Cäsars eisige Kriegsberichte vortrefflich als abschreckende Exempel behandeln ließen.

Der dritte Beitrag – »Von den Ursachen des Verfalls der Allgemeinbildung« – wird hier zum ersten Male vollständig abgedruckt. Der Titel spielt auf eine verlorene Schrift Quintilians an: was damals, als es um die Rhetorik ging, lediglich einen Stilwandel anzuzeigen schien, läßt sich heutzutage, inmitten weithin herrschender Werte-Müdigkeit, wohl kaum anders deuten denn als Verfall. Man verzeihe die Fiktion eines Briefwechsels; der Verfasser glaubte, auf diese Weise den eige-

8

nen Standpunkt desto besser verdeutlichen zu können. Was ›der Freund‹ über seine Schulzeit in Detmold berichtet, ist autobiographisch; nur die Namen wurden verändert.

Die übrigen drei Stücke sind erst unlängst entstanden. Sie handeln vom Kern des humanistischen Unterrichts, von den Texten und deren Funktionen. Der Aufsatz »Der neue Kanon lateinischer Autoren« stellt den überkommenen Rahmen, das konventionelle ›Profil‹ der humanistischen Lektüre in Frage. Der darauf folgende Vortrag erörtert das Problem des Sinngehalts der gelesenen Texte, die Möglichkeiten hiermit erstrebter erzieherischer Wirkungen, und die letzte Abhandlung hat einen formalen Aspekt der Texterschließung zum Gegenstand: die Technik des Übersetzens.

Die Vorträge und Aufsätze wurden ursprünglich je für sich konzipiert; der Verfasser glaubt, gelegentliche Überschneidungen und Wiederholungen, die sich aus der Vereinigung zu einem Ganzen ergeben, der Nachsicht des Lesers anvertrauen zu dürfen.

Überlingen, im Februar 1995

DIE ANTIKE
UND IHRE VERMITTLER

Bemerkungen zur gegenwärtigen Situation
der Klassischen Philologie

»Die Tage des humanistischen Gymnasiums, das übrigens entartet war, das mit seinem Idealismus endlich auch seine Idee in Zugeständnissen eingebüßt hatte, scheinen gezählt. Humanismus, Humanität sind bürgerliche Ideen. An die Bedeutung des Symbols ›Weimar‹ für die Zukunft zu glauben, fällt schwer. Dieses Symbol möge als ›Schiffhut und Degen‹ den Sarg der bürgerlichen Epoche zieren.«

*Thomas Mann**

I.

»Ein Liebhaber von Gegenständen antiquarischen Inhalts, als den ich mich altväterisch zu bezeichnen die Eile habe, … hat längst aufgehört, auch nur ein müdes Ohr in die Richtung zu stellen, aus der mit üblem Winde Fragen kommen, die dem Werte antiker Überlieferung nach dem Leben trachten, weil die Fragenden keinen Nutzen zu sehen vermögen … Diese Verkehrung bestimmt, immer weiter reichend, das Zeitalter. Es verlangt Zweckdienste und Zweckdiener; seine soziale Zukunft scheint rosarot wie die Zuversicht eines Reklamesprechers um sieben Uhr früh; der Mensch mit einem linken und einem Gasfuß wird bald geboren sein. Vor solchem Prospekt ist antike Überlieferung deplaciert, zudem folgenlos. Die Überlieferer leben in der Diaspora, die Professoren aufs Alteneil gesetzt, und das auch nur dank der Verwechslung von Humanismus und Humanität … Wozu Platon lesen, wenn man den Staatsentwurf für Utopie, den postulierten Philosophen für einen Dozenten nimmt, wozu die Ionier auf Ursprung und Urstoff hin befragen, wenn eine Zivilisation mit

Kunststoff reüssiert, wozu Tragödie, wenn Schicksal bloß Pech und der Mensch dagegen versicherungsfähig ist, wozu Cicero studieren, wenn sich der Rang einer Sprache nur nach den darin gemachten Versprechungen bemißt, wozu die ganze ressortgebundene Göttergesellschaft bedenken, wenn es für den aufgeklärten Bürger nicht einmal einen Gott sicher gibt? ... In Sache antiker Überlieferung als spürbar formender Macht bin ich demnach für unser Jahrhundert ohne Hoffnung. Und zwar nicht weil die Gegner die Notwendigkeit einer fortwährenden humanistischen Anstrengung widerlegt hätten, sondern weil das neuzeitliche Konsumentenglück weder nach einem Himmel noch einer Hölle und schon gar nicht nach einer Vorvergangenheit hin ergänzungsbedürftig ist.«

Eine süddeutsche Monatsschrift veranstaltete im Jahre 1963 eine Enquete. Das Thema lautete: ob im geistigen Erbe der Antike noch heute gültige Werte enthalten seien, so daß deren lebendige Überlieferung auch für unsere Zivilisation unerläßlich bleibe.[1] Man befragte über 100 Personen und erhielt 57 Antworten, die in alphabetischer Reihenfolge – von Konrad Adenauer bis Reinhold Zsalatz – publiziert wurden. Man hatte zwar auf eine hinlängliche Streuung der Berufe, weniger jedoch auf eine angemessene Verteilung nach Regionen und Konfessionen geachtet: Süddeutschland und zumal Österreich herrschen vor, und die meisten der Befragten scheinen katholischen Bekenntnisses zu sein. So erklärt sich wohl die erstaunlich große Zahl konservativer Verlautbarungen, deren witzigster die soeben zitierten Sätze entstammen.[2] Gleichwohl bieten die Antworten des Enthüllenden genug; es ist nützlich, sie kurz zu mustern.

Von einigen Außenseitern darf sofort abgesehen werden – wenn zum Beispiel ein Kardinal für die lateinische Sprache als allgemeines Verständigungsmittel plädiert oder wenn sich ein Referent am Bundesinstitut zur Erforschung des Marxismus und Leninismus gesinnungsstark und undurchsichtig über antike Elemente in der kommunistischen Ideologie äußert.[3] Ebensowenig braucht man wohl auf die Voten hoher Kultusbeamter und sonstiger Politiker einzugehen: die Fassade offizieller Formulierungen, auf doktrinäre Deckung oder allseitige Vermittlung bedacht, versperrt den Zugang zu den eigenen Gedanken der Verfasser.[4] Schließlich sind auch die Stimmen der befragten Altertumsgelehrten relativ belanglos; man konnte ja erwarten, daß sie eifrig pro domo argumentieren würden. Oder sollte man sich ein wenig darüber wundern, wie matt sie ihre Sache zu vertreten scheinen? Und stets mit denselben Gesichtspunkten: die Antike sei nicht etwas Vergangenes, und man bedürfe der zeitlos gültigen Archetypen als eines Gegengewichtes gegen die Technisierung, die Vermassung und den regelnden Apparat. Einer von ihnen schreibt sogar: »Studium der Antike wird heute, recht verstanden, schneidende Kritik an der Gegenwart.«[5] Wie so etwas aussieht, hat wohl das Zitat des Anfangs gezeigt; die Gegenwart aber könnte einem derartigen Kritiker nicht ohne Grund antworten, er möge ihr lieber helfen, statt daß er an schneidender Kritik sein Genügen finde.

So bleibt das Gros der übrigen, die nicht Außenseiter, Kultusbeamte oder professionelle Altertumsgelehrte sind. Hier tummeln sich die großen Worte; hier spreizen sich Formeln, bei denen man ausrufen möchte: »Brav gelernt!« – sie geben ihre Herkunft aus dem Arsenal des Bildungsbürgertums von einst nur allzu deutlich zu erkennen; man hätte nicht vermutet, daß sich dergleichen noch einer derart weiten Verbreitung erfreut. Einige Autoren versuchen, die subjektiven Zwecke der Beschäftigung mit der Antike, die Bildungsziele also, anzuvisieren. So operiert jemand mit dem Begriff des ›harmonischen Menschen‹, mit der »inneren Harmonie« als der Voraussetzung »für den Menschen höheren Niveaus«, wie er zu schreiben wagt, und ein anderer meint, Erziehung und Bildung müßten den Menschen in den Stand setzen, die »harmonische Einheit von Geist, Seele und Körper in richtiger Ausgewogenheit immer vollkommener zu erreichen und zu erhalten.«[6]

Eine größere Anzahl von Autoren beschwört die objektiven Gegebenheiten, die Bedeutung der Bildungsstoffe; offenbar gelten emphatische Beteuerungen dieser Art als die wirksamste Waffe im Streit für den Humanismus. Da berufen sich einige auf die »Grundwerte unserer Kultur«; sie wissen von einem »abendländischen Geist«, der auf der Antike fuße. Mehrere deuten mit ausladender Gebärde auf die »berühmte Trias Athen – Jerusalem – Rom«; das Christentum, heißt es, sei ohne die Antike nicht faßbar. Es fehlt nicht an Hinweisen, die an die »großen europäischen und nationalen Repristinationen der Antike« erinnern; ein Autor meint, hieraus ein Gesetz, ein zyklisches Geschichtsbild, ableiten zu können, das auch für die Zukunft gültig sei.[7] Als eine etwas moderner klingende Variante zu allen diesen historischen Dringlichkeitsbeweisen findet sich eine Art von Modelltheorie ein: die Antike biete Urphänomene dar, Grundformen des Welt- und Lebensverständnisses; wer das Geschichtswerk des Thukydides gelesen habe, besitze ein Muster politischen Handelns, wie es ihm das Studium der modernen Verfassungsgeschichte in dieser Klarheit nicht vermitteln könne.[8]

Zahlreiche Stimmen bedienen sich der Antithese; das Lob der Antike verbündet sich mit handfester Kritik an der Gegenwart, und wenn es auch niemand mit der effektvollen Kapuzinerpredigt aufzunehmen vermag, die einer der befragten Altertumsgelehrten vorträgt, die markige Alternative ›Antike oder Barbarei‹ hat sich manchem aufgedrängt. Wie kaum anders zu erwarten, wird immer wieder gegen den Utilitarismus, den technischen Ungeist des gegenwärtigen Zeitalters zu

Felde gezogen, und es bleibt nicht aus, daß einige auf die Theorie vom Gegengewicht rekurrieren, die sich ja auch durch den berufenen Mund des Fachmannes sanktioniert findet.[9]

Man sieht: wer etwas über die Bedeutung der Antike erfahren möchte, ruft eine Flut erhabener Vokabeln hervor; das Thema steht unter der Hochspannung von weltanschaulichen Prämissen, die nach pathetisch-emotionaler Entladung drängen. Indes, man täte den aufgezählten Argumenten unrecht, wenn man sie in Bausch und Bogen verwerfen wollte; sie unterscheiden sich erheblich voneinander nach Rang und Gewicht. Den ›harmonischen Menschen‹ zum Beispiel wird man in Diskussionen über allgemeine Bildungsfragen gern missen; jeder mag sein Glück schmieden, wie er es für gut befindet. Der Rekurs auf die historische Bedeutsamkeit der Bildungsstoffe wiederum identifiziert im allgemeinen Idealvorstellungen oder Phrasen mit einer viel bescheideneren Wirklichkeit, das heißt hier müßte man sorgfältig auseinanderhalten, welche Stoffe die sogenannte humanistische Bildung effektiv vermittelt hat (und noch vermittelt) und welche Stoffe sie vermitteln könnte. Das Gymnasium und die an der Universität gelehrte Altertumswissenschaft haben sich seit etwa anderthalb Jahrhunderten durchaus nicht mehr um sämtliche Grundlagen der europäischen Kultur gekümmert; das von der deutschen Klassik formulierte Gesetz, nach dem sie damals antraten, lautete ›Abkehr vom Christentum‹, und hierbei blieb es bis auf den heutigen Tag.[10] Die Modelltheorie wird diesen Tatsachen eher gerecht als jeglicher Globalanspruch auf Geist oder Kultur des Abendlandes. Schließlich ein Wort zur Gegenwartskritik: daß es mit dem Kontrasteffekt etwas auf sich habe, läßt sich nicht bestreiten; man muß freilich das Erfordernis richtig formulieren. Der pauschalen Verdikte über die Gegenwart aber sollte sich jeder enthalten, den die Wahr-

17

heit, die Sprache und die Humanität etwas angehen. Denn wer von Barbarei redet, wo es sich um Fragen der Bildungsreform handelt, der fällt ein Urteil über eine ganze Epoche, das ebenso unwahr und ungerecht ist wie analoge Urteile über ganze Völker, und er trägt überdies zur Sprachinflation bei, er fördert das gefährliche Phänomen, daß die Dinge nicht mehr angemessen bezeichnet und schließlich nicht mehr richtig begriffen werden.

Mit diesen Bemerkungen ist der Inhalt der durch die Enquete provozierten Antworten keineswegs erschöpft. Der Leser findet dort nicht nur unverbindliche Kulturbekenntnisse; er wird auch mit mancherlei ebenso verständigen wie beherzigenswerten Überlegungen vertraut gemacht. Unter ihnen fallen die kritischen Bedenken auf, die eine erhebliche Anzahl der Voten gegen die derzeit übliche Vermittlung der Antike vorzubringen weiß. Sie machen das eigentlich frappante Ergebnis der Enquete aus. Die Kritik verläuft quer durch die Richtungen; sie ist nicht nur Element gegenwartsoffener Analysen, sondern begegnet auch inmitten traditionsverhafteter Klischees; sie reicht von kurzen, aperçuartigen Meinungsäußerungen bis zum sachkundig geführten Beweis.

Alle diese Zuschriften unterscheiden zwischen einem gängigen Bild von der Antike und der Antike selbst, zwischen einem faktischen und einem wünschbaren Modus der Präsentation. Wenn auch die Wünsche stark divergieren, hinsichtlich der Wirklichkeit herrscht im wesentlichen Übereinstimmung. Über das Versagen der Lehrer und Deuter der Antike könne man ganze Bücherregale füllen, ruft jemand emphatisch, und ein anderer nennt diese Deuter Traditionalisten und philologische Querköpfe. Wer historisierend für die Antike schwärme, heißt es, verkenne die eigene Zeit, oder: das Gymnasium sei erstarrt und verzopft, oder schließlich: gar mancher philologische Schnickschnack könne leicht entbehrt werden.[11]

Ein gut Teil der Autoren spielt auf die geistesgeschichtlichen Zusammenhänge an, als deren Produkt sich der veraltete Altphilologe (denn gegen diesen Typus scheint sich ja die Kritik der zitierten Stimmen vornehmlich zu richten) der modernen Gesellschaft präsentiert. So verweist eine Gruppe auf das maßgebliche Bildungsideal und bestreitet seine Gültigkeit für die Gegenwart; Klassizismus, Idealismus, Neuhumanismus lauten die wichtigsten, stets in negativem Sinne verwendeten Vokabeln.[12] Die neuhumanistische Interpretation habe der Antike die Funktion einer idealistischen Verschleierung des Wirklichen zugewiesen und so der Realitätsflucht gedient, bemerkt ein Kritiker. Und ein anderer schreibt: »Ich bin ›alter Humanist‹ – gewiß; aber auch: eben weil ich mit Griechisch und Latein aufgewachsen bin ..., kostete es mich lange und erhebliche Mühen, die idealistische Verpakkung dieses Schul-Neuhumanismus zu durchschauen und abzustreifen.«[13]

Eine zweite Gruppe rügt die stoffliche Unzulänglichkeit jenes rigoros klassizistischen Bildungsideals. Die Antike sei nur eine der tragenden Säulen unserer Gesellschaft, konstatiert eine Stimme; der christliche Glaube sei wichtiger, sekundiert eine andere; die lateinische Literatur des Mittelalters werde vernachlässigt, fügt eine dritte hinzu. Und schließlich ein vierter Gewährsmann; er schreibt: »Eine umfassende Goethe-Lektüre ist ebenso dringend. Aber auch Dante und Shakespeare ... Brecht kann man ohne Aristoteles nicht recht verstehen. Alles hält einander.«[14]

Ein der Vergangenheit, der deutschen Klassik verhaftetes Bildungsideal, dem überdies stoffliche Enge eignet: auf dieser Basis operiert eine dritte, die entscheidende Gruppe von Autoren; sie sucht zu erklären, wodurch das Ungenügen an jenem Bildungsideal bedingt ist, auf welche Weise sich die Perspektiven seit anderthalb Jahrhunderten so gründlich verschoben haben. Einer der Befragten schreibt: »In direkter Form läßt sich, was seit einem Dutzend Jahrhunderten oder mehr tot ist,« (die alten Götter, die alten Dichter, die alten Philosophen, meint der Autor) »nicht mehr weiterreichen … Man kann den Fluß der Geschichte nicht jahrhunderteweit aufwärtslaufen, um dort Wasser zu schöpfen; bis man zurück in der Gegenwart ist, ist alles Wasser zerronnen, man behält bestenfalls feuchte Hände.« Hiermit hat der Autor, wie schon jetzt bemerkt sei, den Nerv des neuhumanistischen Antike-Konzepts getroffen; eine andere Stimme bemerkt drastisch zu einem Teilbereich dieser kolossalen Täuschung, man solle mit dem Unfug aufhören, »an den griechischen Termini modellhaft die politischen Grundstrukturen« (der Gegenwart) »verdeutlichen zu wollen«. Zurück zu dem soeben zitierten Gewährsmann: »Ganz anders«, fährt er fort, »wenn man mit dem Fluß der Geschichte mitwandert … Man begreift, … vermittels Färbung, Gischt und Wellenspiel des Wassers, daß dieser Fluß schon … Jahrhunderte unterwegs war, ja, Jahrtausende… Nicht zur unmöglichen und unnützen Überlieferung der Antike, sondern zur Überlieferung der Überlieferung, zu ihrer Spiegelung in den Wassern der Gegenwart: dazu sage ich ja. Diese Spiegelung ist nicht nur möglich und nützlich, sondern notwendig und unvermeidlich, das heißt sie vollzieht sich ohnedies, ist das ewige Thema in den jeweils klarsten Köpfen der Gegenwart.«[15] Man müsse sich von der Auffassung freimachen, meint ähnlich ein anderer Autor, daß nur das Unmittelbare als Erbe angesehen werden dürfe, also etwa die direkte Kenntnis der griechischen und lateinischen Quellen, und in einem der besten Beiträge (er entstammt der Feder des Pädagogen Josef Derbolav) verlautet bündig: »Unser Verhältnis zur Antike muß … notgedrungen einen kritisch-übersetzteren Charakter annehmen und den Bruch der Überlieferung, die historische Distanz, mit in Rechnung stellen.« Derselbe

Autor erklärt außerdem, das Strukturverständnis der modernen Welt sei das unabdingbare Bezugssystem zeitgemäßer Erziehung.[16] Man kann das Gewicht dieser Forderung beliebig veranschaulichen. Etwa so: es wäre naiv zu vermuten, daß die Thukydides- oder Cicero-Lektüre alsbald den Zugang zur modernen Politik, zur modernen Staatlichkeit erschlösse. Wer nicht zuvor die Wirklichkeit, die ihn selbst umgibt, auf Begriffe gebracht hat (und diese Begriffe, das ist die Summe aller Veränderungen, denen das antike Substrat im Laufe der Jahrhunderte ausgesetzt war), der wird jederzeit Prämissen in den Text tragen, die gar nicht hineingehören; ein fruchtbarer Dialog setzt Kenntnis sowohl des Hier als auch des Dort voraus; die Medien zwischen Antike und Gegenwart – das Mittelalter, der italienische Humanismus, die Aufklärung, das 19. Jahrhundert, um nur einige Stationen zu nennen – diese Medien erlauben erst, daß man das antike »Gegenbild bis auf ›Reflexionsentfernung‹, bis zur Vergleichspenetranz der Gegenwart nähert«, wie eine Stimme der Enquete sich ausdrückt.[17] Und nun noch eine letzte Äußerung, die dem Problem ›Antike – aber wie?‹ beizukommen sucht; sie entstammt dem schon ausgiebig verwendeten Beitrag, den Günther Nenning, Herausgeber der Tageszeitung »Neue Zeit« (Graz) verfaßt hat – wohl dem besten der ganzen Sammlung. Hiermit kann der Enquete Valet gesagt werden; der Rest der Betrachtung soll das hier zur Diskussion stehende Kardinalproblem erläutern und aus derlei Prämissen einige Vorschläge für eine Neuordnung des Studiums der alten Sprachen, insbesondere der lateinischen Philologie, ableiten. »Die Antike vermitteln«, so schreibt Günther Nenning, »heißt eben: vermitteln, das heißt sich aller Vermittlungen bedienen, die sich in den Dutzend Jahrhunderten und mehr zwischen Antike und Gegenwart ereignet haben, in Philosophie, Kunst, sonstigen Feldern. Welcher Lehrer, statt antike Dichtung und Philosophie … unver-

mittelt zu präsentieren, wagt sich auf den Umweg der Präsentation von Antikem mittels Modernem, auf den Umweg, sei es
über die moderne Kunst, sei es über die moderne Philosophie,
etwa gar horribile dictu – über Sartre und Marx?«[18]

II.

Was wohl vor allem der Erläuterung bedarf, ist der Adressat,
das Ziel der zitierten Rügen und Forderungen. Diese Rügen
gelten offenbar nicht allein der Schule, dem vom Neuhumanismus geprägten Gymnasium, sondern zugleich und hauptsächlich der wissenschaftlichen Ausbildung der am Gymnasium unterrichtenden Lehrer, der sogenannten Klassischen
Philologie. Die Frage lautet: Wie ist dieser Gegenstand beschaffen; verdient die gegen ihn vorgebrachte Kritik Beachtung? Hier müssen zunächst zwei Vorbehalte angemeldet
werden. Der erste betrifft die Klassische Philologie als Wissenschaft. Keine Wissenschaft sollte sich in ihrer Programmatik erschöpfen oder eine völlige Kongruenz von programmati-
scher Selbstaussage und faktischem Verhalten anstreben –
wenn man all das Programm nennen will, was eine Wissenschaft unternimmt, sich mit der sie umgebenden Wirklichkeit
ins Einvernehmen zu setzen. Noch weniger darf eine Wissenschaft um Aktualität buhlen: dann gäbe sie sich selbst preis;
sie liefe hinter der Wirklichkeit her, statt ihr – möglicherweise
– vorauszueilen. Man darf die Forschung einer jeden Disziplin
getrost mit einem Eisberg vergleichen: nur ein geringer Teil
überragt, auch dem Laien erkennbar, die Oberfläche des Wassers. Mit gutem Grund halten sich denn auch die Kritiker der
Enquete vor allem an die ›Schauseite‹ der Klassischen Philologie, an das Programm und das hiervon beeinflußte praktische
Verhalten. Jedwede solide Gelehrtenarbeit auf grammati-

schem, metrischem, lexikalischem Gebiete, saubere Editionen, fundierte Texterklärung, umsichtige Motivforschung: dergleichen war von den zitierten Stimmen der Enquete offenbar gar nicht gemeint, und im allgemeinen vermag wohl nur der Fachmann zu erkennen, was sich hier legitimerweise in Frage stellen ließe.[19]

Der zweite Vorbehalt betrifft eben die Programmatik der Klassischen Philologie, die Selbstreflexion. Etwas Derartiges ist nämlich so gut wie gar nicht vorhanden, jedenfalls nicht ausdrücklich, und jedenfalls nicht seit einigen Jahrzehnten.[20] Man darf es gewiß für erfreulich halten, daß die großen Worte, mit denen sich das Fach früher vor der Gesellschaft zu legitimieren suchte, immer seltener ertönen; man könnte geradezu fragen, ob sich die kritischen Stimmen der Enquete nicht großenteils gegen einen gestrigen, beinahe schon überholten Zustand wenden. Andererseits hat die Klassische Philologie bisher so gut wie nichts unternommen, sich in der neuen Situation zurechtzufinden; sie enthält sich jeder Diskussion über ihre Gegenstände, Methoden und Ziele, und man sucht vergebens zu ergründen, wie sie über ihre Vergangenheit und Zukunft denkt. Es ist evident, daß man dieses Manko denen anlasten muß, die es verursacht haben, den Repräsentanten des Faches. Ja, man könnte die Altphilologen sogar gedankenloser Halbheit zeihen: sie distanzieren sich einerseits mehr und mehr von der überkommenen Axiomatik; andererseits aber setzen sie den überkommenen Wissenschaftsbetrieb, die durch jene Axiomatik bedingte Tradition fort. Die mehr empfundene als bewußt eingestandene Selbsteinschätzung und das praktische Verhalten klaffen also auseinander. Die Kritiker der Enquete nehmen nun mit gutem Grund auf subjektive Befindlichkeiten keine Rücksicht; sie halten sich an das äußerlich Ablesbare, zu dem bereits die bis heute nicht revidierte Firma ›Klassische Philologie‹ gehört.

Wenn der Satz gilt, daß ein jeder nicht nur verantworten muß, was er bejaht, sondern auch, was er hinnimmt, so tun jene Kritiker recht daran, den Altphilologen mit der in der Goethezeit formulierten und bis vor kurzem unendlich oft wiederholten Axiomatik zu identifizieren und beides mit gleichem Maße zu messen. Eine Wissenschaft darf eben nicht in den Tag hinein leben; es geht nicht an, daß sie sich in der Pflege traditionsbedingter Gegenstände, in der Einzelapplikation gewohnter Methoden erschöpft: sie muß, jedenfalls von Zeit zu Zeit, bereit sein, ihren Modus procedendi in Frage zu stellen, ihre Axiomatik, ihre Grenzen, ihre Ziele zu prüfen – hiervon hängt ja alles übrige ab. Dem Kritiker erwächst jedoch aus diesem Versagen eine besondere Schwierigkeit (und deshalb mußte das Fehlen einer nennenswerten Selbstreflexion als Vorbehalt namhaft gemacht werden): er muß sich die Maßstäbe seines Urteils selbst zusammensuchen, er muß die Normen, die er als fragwürdig zu erweisen gedenkt, zunächst aus einer überaus mannigfaltigen, durchaus nicht homogenen Praxis abstrahieren; solche durch den Horizont eines Einzelnen beschränkte Vorarbeit kann Fehleinschätzungen verursachen.

Nun zur Sache selbst. Das Wesentliche ist bekannt oder jedenfalls mühelos erkennbar, auch ohne Selbstreflexion und spezielle Wissenschaftsgeschichte. So ist zum Beispiel bekannt, daß am Vormittage des 17. Oktober 1806, gegen 11 Uhr, die Truppen Napoleons in Halle an der Saale einrückten und daß daraufhin die Hallesche Universität bis auf weiteres ihre Pforten schloß.[21] Die Professoren fanden sich zu unfreiwilliger Muße verurteilt, unter ihnen Friedrich August Wolf, der Inhaber des Lehrstuhls für Poesie und Eloquenz. Wolf war einigermaßen ratlos, und so wandte er sich an seinen Freund in Weimar, an Goethe. Die Antwort ließ nicht auf sich warten; Goethe empfahl, Wolf möge sein oft vorgetragenes berühmtes enzyklopädisches Kolleg zu Papier bringen und publizieren. Wolf befolgte den Rat, und so entstand die »Darstellung der Alterthumswissenschaft«, die wichtigste Programmschrift der eben hierdurch im Geist der deutschen Klassik neu konstituierten Wissenschaft vom Altertum.[22] Man erkennt unschwer, daß sich in diesem Werk drei Gegebenheiten miteinander verbunden haben: 1. die Tradition des italienischen Humanismus, die während des 17. Jahrhunderts zumal in Holland intensive Pflege erfahren hatte – von hier stammt die Vielfalt der archäologischen, historischen, philologischen Gegenstände und Methoden; 2. der Enzyklopädismus der Aufklärung – er lieferte unmittelbar das Schema, die lange Reihe formaler und materialer Disziplinen, wie sie die Wolfsche »Darstellung« beschreibt, und mittelbar das Konzept des mit der gesamten Hinterlassenschaft der Antike vertrauten Altertumsgelehrten; 3. das Griechenbild der deutschen Klassik und zugleich – wenn auch noch keimhaft – die Grundbegriffe des aufkommenden Historismus. Die der idealistischen Griechendeutung inhärierende Geschichtsspekulation steuerte das Ziel, die Aufgabe bei: die Altertumswissenschaft solle die Größe und Schönheit der Antike erforschen und auslegen und hierdurch den Geist der deutschen Nation befruchten, der – nach Humboldt – wie kein anderer berufen sei, das Erbe der Griechen anzutreten; sie solle hierdurch die ersehnte Menschheitsform verwirklichen helfen, als deren Urbild ihr die Geistesart Goethes galt.

Man befindet sich mit diesen Andeutungen mitten in einer der ereignis- und folgenreichsten Phasen europäischer Geistesgeschichte; was damals gedacht, geschrieben und gemacht wurde, blieb für anderthalb Jahrhunderte gültig – bis die deutsche Bewegung, die von ihr freigesetzten Energien des Idealismus und Nationalismus, des Heroismus und Irrationalismus in dem von Hitler entfesselten Kriege zusammenbra-

Friedrich August Wolf (1759–1824)

chen. Hier müssen einige Dinge berührt werden, die eigenartigerweise in der Enquete völlig ungesagt blieben und die, wie sich zeigen wird, bis auf den heutigen Tag fortwirken. Die Altertumswissenschaft ist nämlich am Aufstieg und an der Katastrophe Deutschlands nicht ganz so unbeteiligt, wie ihr gegenwärtiges Dornröschendasein vermuten lassen könnte. Gewiß, sie investierte einerseits einen erheblichen Teil ihrer Energien in positive Einzelforschung, ja, Historismus und Positivismus, von einer damals durchaus nicht veralteten Altertumswissenschaft willig aufgenommen, wie es schon durch das Wolfsche Programm in ihr angelegt war – Historismus und Positivismus also hatten das ideale Griechenbild der Klassik bald völlig ausgehöhlt und als mit den Tatsachen nicht vereinbar widerlegt. Andererseits aber blieb dieses Griechenbild mit seinen antichristlichen und antifranzösischen Komponenten, mit seiner rousseauisierenden Kritik an einer Gegenwart, die von Westeuropa geprägt war, ohne Rücksicht auf seine mangelnde Historizität der Sonntagsstaat des deutschen Bürgertums; nach seinem Modell schneiderte man die Volk-der-Dichter-und-Denker-Ideologie, und im Schlepptau einer gemutmaßten und auch wirklich erreichten geistigen Bedeutung meldeten sich endlich nationale Sicherheits- und Machtansprüche zu Wort. Die Altertumswissenschaft jedoch unternahm kaum einen Versuch, diesem Prozeß entgegenzuwirken. Sie sonnte sich in der Gunst der Zeit und lieferte ihrerseits die historischen Medien, die dem Selbstbewußtsein des deutschen Bürgertums zur Kristallisation verhalfen. Wer sich mit den Kaiser-Geburtstags-Reden namhafter Altertumsgelehrter und mit ähnlichen Produkten aus der wilhelminischen Ära und dem Zeitalter der Weltkriege beschäftigt, trifft überall, in der Diktion, in den rhetorischen Mitteln, in den Motiven, auf die Petrefakte jener nur allzu bekannten Atmosphäre der national-idealistischen Hochspannung. Gesetzt, man täte den erwähnten Festreden zu viel Ehre an, wenn man ihnen einen nennenswerten Einfluß auf die deutsche Mentalität zuschreiben wollte: sie dokumentieren jedenfalls, wie mühelos sich die damalige Altertumswissenschaft in ihre Umgebung einzufügen verstand, wie sie sich ganz und gar als das Instrument der führenden Schicht gebärdete.[23]

Dieser Konsens mit der bürgerlichen Gesellschaft läßt sich vor allem an dem ästhetischen Kanon ablesen, wie ihn Winckelmann (für die Kunst) und Lessing (für die Dichtung) etabliert hatten. Auch das Programm der edlen Einfalt und stillen Größe war auf Distanz gegenüber Frankreich und dem christlichen Barock bedacht; preußischer Pietismus und englische Präromantik mischten sich ein; die Geniepoetik, der Personalismus, das Entwicklungsprinzip der Historiographie und des Bildungsromans gesellten sich hinzu – so entstand ein Geflecht ästhetischer Normen, das von allen Beteiligten fraglos hingenommen und bedenkenlos angewandt wurde: von der Wissenschaft, von der Schule sowie vom Goethe und Geibel lesenden Bürgertum. Kunst ist schön, so lautete das oberste Prinzip dieses schier allmächtigen ästhetischen Codex; die schöne Kunst aber ist schlicht und läutert Erlebtes und weiß die Wirklichkeit durch Sinndeutung zu erhöhen; sie hat also nicht etwa kritische, sondern durchaus erbauliche und bestätigende Funktionen, wie der Orgelklang am Ende des Gottesdienstes. Die behaglich in ihre Umwelt eingebettete und noch gar nicht mit der Gegenwart zerfallene Altertumswissenschaft durchforstete mit der Axt dieses klassizistischen Kanons den Wald der antiken Literatur, und mancher für unklassisch befundene Baum mußte fallen. Denn man verurteilte oder überging a) alles Christliche, b) alles, was der Originalität oder des Erlebnis-Substrates zu ermangeln schien, c) jedwedes Literaturwerk, das man mit den Vokabeln Künstelei, Mache, Effekt, Pathos, Schwulst, Bombast charakterisieren zu können glaubte. Die klassische Philologie hat wohl an keinem Erbstück der Goethezeit mit gleicher Zähigkeit festgehalten: erst seit dem Zweiten Weltkrieg mehren sich die Impulse, die auf eine Revision der überkommenen Maßstäbe dringen, die versuchen, die bisher mit dem Anathem des 19. Jahrhunderts belasteten Epochen und Schriftsteller zu rehabilitieren; doch diese Stimmen sind noch vereinzelt, sie haben sich noch nicht zu einer nicht-klassizistischen Literaturtheorie verdichtet.[24]

Diese Observationen zum Thema ›Altertumswissenschaft von der Goethezeit bis heute‹ geben Anlaß zu einer Verwahrung. Das Vorgebrachte dient nicht dem Zweck, die gesamte Ära der deutschen Weltgeltung ex eventu zu verwerfen. Es soll nicht behauptet werden, die harmlose Identifikation von idealem Griechen und idealem Selbstentwurf habe keimhaft den Größenwahn der Hitlerzeit enthalten, noch gilt es, die These zu suggerieren, daß der Kanon der klassizistischen Ästhetik zum ›Hause der deutschen Kunst‹ oder zur Verbrennung der sogenannten Schmutz-und-Schund-Literatur habe führen müssen. Die entscheidenden Verformungen des klassisch-klassizistischen Substrats haben erst gegen Ende des 19. Jahrhunderts stattgefunden, und auch dann bedurfte es noch eines Bündels von weiteren Ursachen, ehe die geistige Katastrophe des Dritten Reiches ihren Lauf nehmen konnte. Andererseits (und hierauf zielten die polemischen Durchblicke bis zur Gegenwart) läßt sich schwerlich bestreiten: das deutsche Fiasko hat manche Grundposition des deutschen Idealismus erheblich in Mitleidenschaft gezogen; hiervon müssen sich alle Wissenschaften, die noch von diesem Kapital zu zehren versuchen, Rechenschaft ablegen. Vielleicht war die deutsche Altertumswissenschaft in die geistigen Prozesse, die sich in der Zeit von Wilhelm II. bis Hitler abgespielt haben, nicht ebenso intensiv einbezogen wie etwa die deutsche Geschichtswissenschaft;[25] jedenfalls empfing auch sie wesentliche Impulse vom Geist der Zeit und gab der Zeit die Impulse, sie mit dem Siegel der Wissenschaft beglaubigend, zurück; sie gehörte zu den Disziplinen, die emphatische Gesinnungen züchteten, und man darf nicht vergessen: bis zum Ersten Weltkrieg besuchte fast die gesamte Führungsschicht Deutschlands das humanistische Gymnasium – dort aber regierte der Altphilologe.

III.

Zurück zu Friedrich August Wolf; außer den Umweltsbeziehungen bedarf auch die Innenseite der von ihm begründeten Altertumswissenschaft, die spezifisch wissenschaftsgeschichtliche Komponente, einer kurzen Betrachtung. Wolf war der Organisator; er leitete den überkommenen Strom der Altertumsgelehrsamkeit in das neue Bett, das Winckelmann und Lessing, Goethe und Humboldt vorbereitet hatten. Er hat überdies – jedenfalls in Deutschland – eine wichtige soziologische Veränderung herbeigeführt: die rechtliche Verselbständigung des Lehrerstandes, seine endgültige Trennung von der Theologie.[26] Die Philologen, die er ausbildete, wußten nicht nur mit Literaturwerken umzugehen; sie waren Allround-Altertumsgelehrte, die sich ebenso auf die Geschichte und die Archäologie verstanden, der vielen Nebendisziplinen nicht zu gedenken, mit denen ihr Meister sie traktiert hatte. Dieser altertumswissenschaftliche Kosmos, ein Abbild des theologischen Universalismus oder, wie schon angedeutet, des enzyklopädischen Gedankens der Aufklärung, ist im wesentlichen bis heute erhalten geblieben.[27] Zwar gebot die Zunahme des Wissens, daß sich im Laufe des 19. Jahrhunderts sowohl die Alte Geschichte als auch die Klassische Archäologie von der allgemeinen Altertumswissenschaft absonderten; die Altertumswissenschaft schrumpfte zur Klassischen Philologie zusammen. Aber der künftige Lehrer, der Altphilologe des Gymnasiums, hatte sich nach wie vor mit allen Disziplinen vertraut zu machen, und etwa seit der letzten Jahrhundertwende forderte dieser Beruf den ganzen Mann, das heißt wer die Altertumswissenschaften studierte, studierte die Altertumswissenschaften und sonst nichts.

Der Vorwurf mangelnder Modernität konnte dem so beschlagenen Altertumsgelehrten einstweilen nicht erwachsen — schon deshalb nicht, weil er die Anschauung eines moderneren Typs voraussetzt, eines Typs, der damals gar nicht existierte. Andererseits gehen die entscheidenden Ursachen für das gegenwärtige Modernitätsdefizit auf das Wolfsche Konzept und seine Schicksale im 19. Jahrhundert zurück. Jener altertumswissenschaftliche Kosmos zog ja die Aufmerksamkeit seiner gelehrten Verehrer auf sich wie der Guckkasten der neuzeitlichen Schaubühne, und er duldete je länger desto weniger einen Blick nach rechts oder links. Seine Singularität bestand vor allem darin, daß er a priori in einer bestimmten Epoche beheimatet war; er endete mit der Völkerwanderung oder etwas früher oder etwas später, und hierbei blieb es, als sich rings um ihn der Chor der historischen und philologischen Disziplinen, deren Gegenstand ohne Arg und wie von selbst bis zu einer stets fortschreitenden Gegenwart reichte, ständig vergrößerte.[28] Als nun der Historismus seine Methoden mehr und mehr vervollkommnete, als die Distanz zur Vergangenheit immer fühlbarer, die Ineinssetzung von Einst und Jetzt stets problematischer und schwieriger wurde, da konnten diese Gegebenheiten die ihnen innewohnende Dynamik entfalten:[29] Guckkastenperspektive und historistische Hermeneutik beförderten den Altphilologen mit katapultartiger Vehemenz aus der Gegenwart, machten ihn zum Fremdling nicht nur in seiner eigenen Zeit (die Autoren der Enquete haben demnach den

Sachverhalt gar nicht voll erfaßt), sondern auch in allen den Jahrhunderten vom italienischen Humanismus an, im Mittelalter, selbst in der christlichen Spätantike. So erklärt sich auch das Manko an Selbstreflexion, die Tatsache also, daß es die Altertumswissenschaft fast völlig an der geschichtlichen Betrachtung ihrer eigenen Vergangenheit fehlen läßt; sie ist dieser Vergangenheit, einer der wichtigsten Komponenten der antik-europäischen Geistesgeschichte seit hellenistischer Zeit, überhaupt nicht mehr gewachsen; Geschichte der Altertumswissenschaft: diese Materie setzt noch für die ersten Jahrhunderte der Neuzeit fundierte Kenntnisse von theologischen, philosophischen, ästhetischen, juristischen, ja selbst naturwissenschaftlichen Problemen voraus – der Guckkasten, der unverwandte Blick auf den Kosmos der Antike machte dergleichen Kenntnisse völlig unmöglich.[30]

Doch etwa bis zum Ersten Weltkriege wölbte sich das Firmament des Historismus über der gesamten Philosophischen Fakultät; die Sonderart der Altertumswissenschaft konnte noch nicht sonderlich hervortreten, und überdies machte sich noch stets der Vorsprung von Jahrhunderten bemerkbar, den sie all den jüngeren historischen und philologischen Disziplinen voraushatte: in der Materialerschließung, in den Methoden, in der Terminologie usw. Als indes die wirbelnden Jahre der Kriegs- und Nachkriegszeit die Krise des Historismus und eine allgemeine Unsicherheit und Entfremdung herbeiführten, begann die Klassische Philologie sich nach allen Seiten hin abzuriegeln, und sie drohte selbst mit ihrem engsten Nachbarfach die Tuchfühlung zu verlieren. Denn die Alte Geschichte war seit jeher weniger idealistisch und klassizistisch gesonnen als ihre philologische Schwester, teils weil sie auch den Alten Orient zu verwalten hatte, teils weil der Umgang mit politischen Tatsachen sie zur Nüchternheit erzog. Sie behielt nun nicht nur bei, was der Positivismus ihr übermittelt

32

hatte, die papyrologischen und epigraphischen Hilfsmittel zum Beispiel, sie war nicht nur darauf bedacht, daß sich zwischen ihr und der Nachbardisziplin, der Mittleren Geschichte, kein Graben auftat, sondern sie ließ sich auch von den neuen Impulsen der Zeit zur Erschließung neuer Methoden und Sachgebiete bestimmen, hierin bisweilen sogar die Mittlere und Neuere Geschichte überflügelnd: sie nahm sich mit großer Intensität soziologischer Probleme an, und bald gesellte sich die Wirtschafts- und Sozialgeschichte hinzu.[31] Der Weg der Klassischen Philologie führte unterdessen in die diametral entgegengesetzte Richtung, er führte zur Re-Idealisierung, wobei sich vor allem der von Werner Jaeger inaugurierte sogenannte Dritte Humanismus hervortat.[32] Diese Aktion, mit großem propagandistischen Aufwand eingeleitet, verlief nach einigen Jahren folgenlos im Sande – außer daß die Klassische Philologie selbst sich in aussichtslosen Weltanschauungskämpfen isolierte und überdies ein gut Teil ihrer handwerklichen Traditionen, das Edieren von Texten zum Beispiel, vernachlässigte.[33] Sie wurde zum Herold ihrer bedrohten Sache und verkündete die ewigen Werte der Antike, und so sehr die Interpretation hierbei an Raffinement gewann, so sehr man sich bemühte, bislang verachtete Autoren neu zu entdecken, manche Tendenz, die sich von der Goethezeit her fortgepflanzt hatte, machte sich gerade jetzt in voller Schärfe bemerkbar: die Konzentration auf die klassischen Epochen, die Preisgabe des Terrains zwischen Antike und Mittelalter – der Klassizismus also; die Bewunderung des einzelnen Autors und Werkes, überhaupt die Beschränkung auf die wenigen Großen in der Literatur – der Personalismus also; die abstrakte Betrachtung angeblich zeitlos gültiger Ideen – ein antihistorischer Affekt also; eine Vorliebe für das Dunkle und Gewaltige, für das Metaphysische und Spekulative, auf Kosten des Hellen und Spielerischen, des Pragmatischen und

Rationalen. All dies aber war nicht selten in ein teils andächtig-feierndes, teils emphatisch-preisendes stilistisches Gewand gehüllt, und man gab sich ein exklusiv-elitäres Air – die große Zeit der deutschen Altphilologie war vorüber, ehe das Hitlerreich heraufzog.

Ihre Erben lassen sich unschwer bezeichnen: die jüngeren Schwesterdisziplinen, die neueren Philologien. Die Sukzession trat nicht mit einem Schlage ein, sondern beanspruchte Jahrzehnte; sie manifestierte sich nicht überall mit gleicher Intensität, am deutlichsten vielleicht in der Romanistik, am zögerndsten wohl in der Germanistik, die wie die Klassische Philologie schwer an der bürgerlichen Hinterlassenschaft des 19. Jahrhunderts trug. Einige Ursachen für diese Kräfteverschiebung lassen sich ebenfalls mühelos nennen; als eine der wichtigsten darf wohl das Faktum gelten, daß die Neuphilologen ex officio verpflichtet waren, von der modernen Literatur und von der Literaturtheorie, die sich außerhalb des akademischen Betriebes entfaltete, Notiz zu nehmen – hieraus ergaben sich von selbst die Begriffe, mit deren Hilfe man die überkommenen ästhetischen Kategorien einer Revision zu unterziehen vermochte. Nunmehr ist auch der Typ, der konkrete Vorstellungsinhalt gefunden, an dem die kritischen Stimmen der Enquete den Altphilologen gemessen haben; sein Modernitätsdefizit erweist sich als die Differenz zwischen ihm und seinem romanistischen oder anglistischen Kollegen, und dieser Kalkül vollzieht sich vor der Folie des wahrscheinlich zutreffenden Gedankens, daß die Ära der europäischen Renaissancen und Klassizismen mit der Goethezeit ihren Abschluß fand und daß sich die Moderne zu den europäischen Klassiken ähnlich verhält wie diese Klassiken und ihre Intervalle zum antiken Substrat.

IV.

Es ist nun an der Zeit, auf die positiven Vorschläge der Enquete einzugehen; die besten Beiträge enthalten ein Programm, das die unausweichlichen Konsequenzen aus den Gegebenheiten des 20. Jahrhunderts zieht. Doch zuvor noch ein Sonderproblem: es vermag einerseits das volle Maß altphilologischer Wirklichkeitsferne zu illustrieren und bereitet andererseits den Versuch vor, ein paar Leitsätze für ein neues Studienmodell aufzustellen. Es geht hierbei um die Latinistik.

Sie ist ein Zweig der Klassischen Philologie; sie hat es nicht zu dem Status eines eigenen Hochschulfaches gebracht. Zwar pflegen die Universitäten seit langem mit je zwei Lehrstühlen für Klassische Philologie bestückt zu sein; so konnte sich eine faktische Arbeitsteilung einbürgern; die beiden antiken Literaturen werden meist von je verschiedenen Personen verwaltet. Diese Organisationsform hat jedoch der traditionellen Perspektive des Antike-Guckkastens niemals Abbruch getan: alle Gräzisten und Latinisten der Hochschulen haben sich während ihrer Ausbildung mit dem gesamten Altertums-Kosmos vertraut gemacht; sie repräsentieren einen ziemlich einheitlichen Typ,[34] und zwischen den beiden Zweigen ihrer gemeinsamen Disziplin besteht seit jeher eine rege wechselseitige Kommunikation.

Nun haben jedoch die unter der Firma ›Klassische Philologie‹ geschwisterlich vereinten Literaturen seit dem Ausgang des 19. Jahrhunderts eine sehr unterschiedliche praktische Bedeutung erlangt. Das Aufkommen und Vordringen von Schulformen, zu deren Unterrichtsprogramm zwar das Lateinische, nicht aber das Griechische gehört, ließ den relativen Bedarf an Lateinlehrern erheblich steigen, und eine stets wachsende Zahl von Studierenden wählte nicht mehr das Gesamtfach ›Klassische Philologie‹, sondern verband das Lateinische mit der Geschichtswissenschaft oder einem neuphilologischen Fache. Gegenwärtig machen diese Latinisten etwa die zehnfache Anzahl der eigentlichen Altphilologen aus. Hier beginnt bereits die Wirklichkeitsferne der von den Universitäten repräsentierten Klassischen Philologie (denn auch die Schule ist für die Universität ein Stück Wirklichkeit, und zwar ein respektables): die akademische Lehre pflegt diesen fundamentalen Unterschied bis auf den heutigen Tag gänzlich zu ignorieren; sämtliche Latinisten werden behandelt, als seien sie Altphilologen: man befaßt sie einerseits mit den Problemen und Stoffen des Guckkastens, deren Bedeutung sich ihnen ohne die griechische Hälfte gar nicht vollauf erschließen kann, und andererseits erfahren sie wenig oder nichts über die Gebiete, die zwischen dem Lateinischen und dem zweiten Fach vermitteln und die es ihnen erlauben würden, die beiden nach Begabung und Neigung gewählten Fächer als ein durch mannigfache Beziehungen verknüpftes Ganzes zu verstehen.

Diese pauschale Feststellung bedarf, wenn sie einleuchten soll, noch eines modifizierenden und eines ergänzenden Hinweises. Die Modifikation lautet: Die lateinische Philologie pflegt sich durchaus nicht nur mit dem Verhältnis der römischen zur griechischen Literatur zu beschäftigen. Etwa seit der Jahrhundertwende ist sie vielmehr energisch bestrebt, die relative Autonomie ihres Gegenstandes darzutun, das heißt sie kodifiziert die spezifisch römischen Elemente der römischen Literatur. So weit, so gut; hiermit berichtigte man die ältere, seit der deutschen Klassik übliche Optik, die einzig die griechischen Originale gelten lassen und alles Lateinische als Derivat minderen Ranges abtun wollte.[35] Indes, ein in die Zukunft weisender Impuls ging von dieser partikularistischen Tendenz nicht aus; die Sache blieb ein Internum der Klassischen Philologie und stellte weder den Gegenstandsbereich noch die ästhetischen Normen des herkömmlichen Altertums-Kosmos in Frage.

Im Gegenteil: die Latinistik machte sich alsbald die restaurativen Tendenzen des Jaegerschen Humanismus zu eigen und trat, indem sie sich auch ihrerseits mit dem Legitimationsbeweis des zeitlos Gültigen zu versehen suchte, als eine Art Gräzistik in lateinischem Gewande auf. Diese Anstrengungen gipfelten in dem emphatisch verkündeten Idealbilde vom ›Römischen Wesen‹, auch kurz ›Römertum‹ genannt – man kann diese späte Blüte romantischer Volksgeist-Theorien als die noch gegenwärtig gültige oder jedenfalls weit verbreitete Berufsideologie des deutschen Lateinlehrers bezeichnen.[36] Ihr historisches Substrat sind allerlei Ansätze und Tendenzen römischer Selbstreflexion, die sich über die Literaturwerke der späten Republik und der frühen Kaiserzeit verstreut finden, teils Wunschbilder moralischer Vollkommenheit, teils Versuche, das Faktum der Weltherrschaft nachträglich durch einen religiös fundierten Sendungsauftrag zu legitimieren. Die fast nur von deutschen Latinisten betriebene Präkonisierung dieses ›Römertums‹ muß vor allem aus zwei Gründen bedenklich stimmen:

1. Sie verfälscht das historische Objekt, weil sie etwas als absolute Größe hinzustellen unternimmt, was es in Wirklichkeit allenfalls als den Selbstentwurf einer kurzen Phase der geschichtlichen Entwicklung gegeben hat. Sie trägt zum Beispiel alle Textstellen zusammen, worin die römische Tapferkeit oder Tüchtigkeit oder wie immer man den Begriff *virtus* wiedergeben will als positiver Verhaltensmaßstab gepriesen wird; sie verschweigt hingegen, in welches Zwielicht jene *virtus* schon wenige Jahrzehnte später geraten konnte.[37] Kurz, sie ist tendenziös durch Auswahl, durch das Prinzip also, das es aller Wissenschaft gestattet, die Wahrheit im ganzen zu verfälschen, ohne sie im einzelnen zu verletzen.

2. Der die Realität verschleiernde Hymnus auf das ›Römertum‹ und überhaupt auf die politischen Tendenzen, wie

sie in der Literatur der augusteischen Klassik herrschten, ist durchaus unzeitgemäß. Denn man darf nicht außer acht lassen: die römischen Schriftsteller haben ihr Idealbild römischen Wesens einer Weltmacht, einem Kaiserreich auf den Leib geschneidert. Nicht zufällig erwuchs die Restauration dieses Idealbildes in der Zeit nach dem Ersten Weltkriege: das historische Exempel konnte als Medium eigener Wunschvorstellungen dienen.[38] Doch in der Landschaft des nachhitlerschen Deutschland sollte die Doktrin vom ›Römertum‹ eher wie eine gespenstische Ruine wirken; sie gehört zu den zahlreichen Zeugnissen eines überspannten Idealismus, deren unbesehene Weitergabe sich schwerlich noch verantworten läßt. Kurz und gut, die spezifischen Tendenzen der lateinischen Philologie waren nicht geeignet, den überkommenen Antike-Kosmos zu sprengen; sie haben vielmehr im Gesamtkosmos einen Sonderkosmos konstituiert.

Nun der ergänzende Hinweis. Es wurde behauptet, die deutsche Universität behandele den künftigen Lateinlehrer, als sei er Altphilologe; er erfahre zu wenig über die Gebiete, die zwischen dem Lateinischen und seinem zweiten Fach zu vermitteln vermöchten. Hier stellt sich sofort die Frage: gibt es dergleichen Gebiete, und sind sie wichtig genug, daß man auf sie Bedacht nehme. Die Antwort resultiert bereits aus einigen Andeutungen der Enquete: die herkömmliche Vermittlung der Antike vernachlässige alles Christliche, zumal das Mittelalter;[39] sie sei überhaupt zu sehr auf das Ursprüngliche und zu wenig auf die Tradition zwischen Ursprung und Gegenwart bedacht.

Diese Bemerkungen treffen ins Schwarze. Man muß berücksichtigen, daß es sich nicht um eine beliebige Ausweitung der Stoffe handelt, sondern um die Revision von Grundpositionen. Wenn die Zeichen nicht trügen, bringt Europa gegenwärtig ein neues Geschichtsbild hervor. Es hat etwa folgende

Züge: Europa ist der Sproß der antiken Kultur. Die antike Kultur bestand zuletzt aus zwei Komponenten, aus der alten heidnischen und der jungen christlichen Tradition. Das Christentum hat einmal versucht, alles Heidnische zu vernichten. Der Versuch mißlang. Seither vollzieht sich die europäische Geschichte als Dialektik von Paganem und Christlichem, von Immanenz- und Transzendenzglauben, von Wirklichkeitsbewältigung und Selbstreflexion; sie ist ein kompliziertes und stets komplizierteres Geflecht von Rezeptionsprozessen, Amalgamierungen, Metamorphosen; alle Veränderung und aller Fortschritt wurden durch das wechselseitige Gegeneinanderausspielen der mannigfaltigen einander widersprechenden Traditionselemente bewirkt.

In dem älteren Geschichtsbild aber traten vornehmlich folgende Tendenzen hervor: Europa besteht aus der eigenen Nation und aus einer Reihe von anderen, mit denen man auf politischem und geistigem Gebiete rivalisieren muß. Hierbei kann man auf die Antike als das anfeuernde Vorbild blicken; hiermit bestätigt und überbietet man die voll Stolz zu betrachtende Tradition des eigenen Volkes. Es ist evident, daß sich derlei Vorstellungen einerseits auf den Klassizismus, andererseits auf die Romantik gründeten. Denn der Klassizismus riegelte die Antike ab, bannte sie in den Guckkasten und versperrte die Einsicht auf den breiten Strom gesamteuropäischer Kontinuität. Die Romantik zerlegte ein gegebenes Ganzes in lauter nationalsprachliche Streifen und verdunkelte so auch ihrerseits die Sicht auf die komplexe Totalität. So griff eines in das andere: Romantik und Klassizismus bewirkten Längs- und Querschnitte; was unbeachtet blieb, das war gerade das die Zeiten Verbindende, die nationalen Grenzen Überbrückende, die gesamte nachantike lateinische Literatur, das heißt während des Mittelalters das meiste und sehr Wichtiges und bis zur Aufklärung auf wichtigen Gebieten wie

Theologie, Philosophie, Urkundenwesen und Naturwissenschaften das meiste und Bedeutendste.

Die Entdeckung des lateinischen Mittelalters ist in vollem Gange, die der lateinischen Neuzeit hat begonnen; Wegbereiter sind die neueren Philologien.[40] Das Lateinische nimmt bei dem doppelten Vorstoß gegen Romantik und Klassizismus, und das heißt zugleich: bei der Verwirklichung der soeben angedeuteten neuen Konzeption, eine Schlüsselstellung ein, weshalb denn gerade die fortschrittlichen Kräfte der Philosophischen Fakultäten energisch auf hinlängliche Lateinkenntnisse aller ihrer Studierenden werden dringen müssen.

Jetzt hindert nichts mehr, eine Neuordnung des Studiums der griechischen und lateinischen Philologie zu skizzieren. Zu allererst sollten diese Fächer anders begrenzt werden als bisher. Die rigorose Beschränkung auf den Antike-Guckkasten kann keine Verbindlichkeit mehr beanspruchen. An ihrer Stelle sollte nach Analogie der neueren Philologien allein das sprachliche Substrat maßgeblich sein, das heißt unter die Kompetenz der Gräzistik und Latinistik fällt alles, was in griechischer und lateinischer Sprache geschrieben ist. Hiermit wird die Auflösung von insgesamt drei Epochenfächern postuliert: des primären Epochenfaches Klassische Philologie und der sekundären Epochenfächer Byzantinistik und Mittellateinische Philologie; sie sollten sämtlich in der Gräzistik und Latinistik aufgehen. Daß sich der Begriff des ›Klassischen‹ ebenso überlebt hat wie der Anspruch und ideologische Ballast der Traditionsvokabel ›Humanismus‹, bedarf kaum des Hinweises. Die beiden Nachfolgerinnen der bisherigen ›Klassischen Philologie‹ sollten in ihrem wechselseitigen Verhältnis ein so großes Maß von Selbständigkeit besitzen, daß für künftige Lehrer nicht nur, wie bisher, die Verbindung des Lateinischen mit einem neueren Fache, sondern auch die Kombination von Gräzistik und Slavistik oder Germanistik offensteht.

40

Die hier vorgeschlagene Erweiterung des Stoffes impliziert die Preisgabe des bisherigen Kanons von Forschungs- und Lehrgegenständen. Ein gut Teil der getreulich gehüteten antiquarischen Gelehrsamkeit kann über Bord geworfen werden, und man wird den Altphilologen wahrscheinlich Dank wissen, wenn sie endlich aufhören, fast nichts als Platon, Cicero und die augusteische Dichtung zu traktieren und sich statt dessen auch der immensen literarischen Hinterlassenschaft des Jahrtausends von Konstantin bis zum italienischen Humanismus zuwenden. Es liegt auf der Hand, daß sich Lehrende und Lernende in größerem Maße als bisher eklektisch zu ihrem Gegenstande verhalten müssen; das Paradigma sollte den Kanon ablösen. Das wählende Verfahren braucht nicht Unsicherheit und Verwirrung zu stiften, wenn es von einem schärferen Begriffsapparat und einer transparenteren Methodik begleitet wird, Errungenschaften, welche die Gräzistik und die Latinistik von ihren jüngeren Schwestern übernehmen könnten. Außerdem empfiehlt es sich, die gegenwärtig nicht mehr sehr fruchtbare Stereotypizität des Berufsbildes ›Altphilologe‹ sowohl auf den Universitäten als auch auf den Schulen durch eine größere Mannigfaltigkeit zu ersetzen. Hierzu könnte außer je verschiedenen Fächerkombinationen ein wählendes, auf Schwerpunkten basierendes Studium nur förderlich sein.

Keine Wissenschaft macht Sprünge; man muß stets einen Schritt nach dem anderen tun. Das neue Studium der Gräzistik und Latinistik wird daher mit den konventionellen Materien beginnen. Einstweilen stehen nur für die antiken Schriftsteller hinlängliche pädagogische Hilfsmittel wie Texte, Kommentare, Lexika und Handbücher zu Gebote. Doch die zweite Stufe des Studiums sollte das selbständige Operieren mit einer Epoche oder einer literarischen Gattung des Mittelalters fordern, und während einer dritten und letzten Stufe (die aber nicht mehr für jedermann obligatorisch zu sein braucht) gälte es, daß sich der Studierende mit der Rezeption eines Stücks Antike durch die europäische Neuzeit vertraut macht, daß er also zum Beispiel Brechts Verhältnis zur aristotelischen Poetik oder Anouilhs Behandlung griechischer Mythen analysiert.

Das Ziel eines derartigen Studiums wäre der Typ eines Philologen, der vor dem modernen Roman ebensowenig zu kapitulieren braucht wie vor den mannigfaltigen Formen der gegenwärtigen Gebrauchssprache, zum Beispiel des politischen Appells. Er sollte intellektuell sein und nicht gesinnungstüchtig; er sollte sich keiner Doktrin verschreiben und sich nicht auf schneidende Gegenwartskritik durch Moralisieren beschränken müssen, sondern die teils negativ-entlarvende, teils positiv-konstruktive Aufgabe der Wissenschaft durch rationales Argumentieren wahrzunehmen imstande sein. Diesem Typ sollten außer dem Lehramt die Berufe der Journalistik, des Verlagswesens, der Kulturverwaltung oder der Politik ebenso offenstehen wie einem Neuphilologen oder Historiker. Wenn sich derartiges erreichen ließe, dann wäre das zeitgemäße Äquivalent zu einem Phänomen geschaffen, das dem Horizont der gegenwärtigen Klassischen Philologie nur allzu weit entrückt ist: zum italienischen, zum europäischen Humanisten des 15. und 16. Jahrhunderts.

Ob sich derartiges erreichen läßt, steht freilich dahin. Der Referent ist geneigt, die Situation ziemlich pessimistisch zu beurteilen. Denn wenn sich einmal irgendwo ein bestimmtes Maß von Stagnation und Verhärtung eingestellt hat, so beginnt ein vitiöser Zirkel, eine schier unaufhebbare Mechanik zu wirken: die Gruppe stößt a priori die Kräfte ab, die zu ändern vermöchten, und zieht diejenigen an, die disponiert sind, eine esoterische Traditionspflege mit tätiger Verantwortung zu verwechseln. Doch derlei Spekulationen sind unfruchtbar; man muß abwarten, über was für ein in Reformen umsetzbares Kapital die Klassische Philologie effektiv noch verfügt.

Außerdem läßt sich nicht voraussagen, in welchem Maße die übrigen Disziplinen der Philosophischen Fakultät ihrer notleidenden Schwester werden helfen können; diese Fakultät ist ja heute noch gleichsam das historische Gewissen der Gegenwart, und sie muß um so lebhafter an einer funktionsfähigen Gräzistik und Latinistik interessiert sein, als sie selbst sich mehr und mehr in den Kampf gegen einen radikal ahistorischen und sehr wenig behutsamen Sozial-Utopismus verwikkelt sieht.

Nachwort

>>Leges tu, quid Maternus sibi de-
buerit, et agnosces quae audisti.<<
Tacitus, Dialogus 3,3

Der Verfasser hat den Text seiner Konstanzer Antrittsvorlesung vom 24. Januar 1968 so gut wie gar nicht verändert. Anders als der Maternus des taciteischen *Dialogus* weiß er freilich nicht, *quid sibi debuerit.* Das heikle Thema führt an die Grenzen wissenschaftlicher Konvention. Nicht zufällig trägt der entscheidende Abschnitt von Uvo Hölschers >>Chance des Unbehagens<< den Titel >>Selbstgespräch über den Humanismus<<. Der vorliegende Versuch ließe sich wohl am ehesten als Streitschrift klassifizieren; der Verfasser neigt nicht zur Resignation, er möchte ändern. Bedurfte es deshalb der ausdrücklichen Polemik? Kann man die Phase der neuhumanistischen Gesinnungsstärke nicht schlechtweg als beendet, die neue Situation als unbezweifelbar gegeben ansehen? Diesen Weg hat jüngst Walter Ludwig gewählt, als er sich um die Fixierung eines zeitgemäßen Kanons lateinischer Schulautoren bemühte.[41] Für den Verfasser gab schließlich die Erwägung den Ausschlag, daß sich die vorliegenden Ausführungen nicht so sehr an die Zunft wie an die Öffentlichkeit wenden; nicht von ungefähr gehen sie von dem Spektrum aus, das die Enquete der Monatsschrift »Wort und Wahrheit« erbracht hat. Die Öffentlichkeit aber bedarf der Offenkundigkeit; die Fassade, die das 19. Jahrhundert errichtet hat, muß vor ihren Augen abgebrochen werden. Sie verläßt sich sonst in ihrem Für und Wider auf nicht mehr gegebene Voraussetzungen.

Der Verfasser erwartet, daß mancher Fachgenosse ihn zunächst mißverstehen wird. Vielleicht vermögen aber die folgenden Leitsätze die Verständigung zu erleichtern:

1. Die dem Ganzen vorausgeschickte Äußerung Thomas Manns soll lediglich dartun, wie früh die hier traktierten Probleme für einen überlegenen Geist erkennbar waren. Die Prognose, die Thomas Mann dem humanistischen Gymnasium stellt, wird vom Verfasser nicht akzeptiert. Thomas Mann identifizierte das humanistische Gymnasium mit seiner bürgerlichen Ideologie. Wie aber, wenn sich das humanistische Gymnasium dieser Ideologie begäbe und gleichwohl ein beschränktes Daseinsrecht geltend zu machen wüßte?

2. Der Verfasser sieht es als wahrscheinlich an, daß es plausible Gründe für ein beschränktes Daseinsrecht des humanistischen Gymnasiums gibt. Er rechnet hierzu bereits die Tatsache, daß bestimmte Kreise noch stets am humanistischen Gymnasium festhalten – auch wenn sie dabei mitunter noch von revisionsbedürftigen Voraussetzungen ausgehen sollten.

3. Der Verfasser hält die Verlautbarungen der radikalen Gegner des humanistischen Gymnasiums für ebenso antiquiert wie jede weltanschaulich fundierte Apologetik.[42] Er sieht es als die Chance der jetzt die Verantwortung übernehmenden Generation an, daß sie in der Lage ist, die ›Bildung‹ jenseits des

bürgerlichen Horizontes als offene Frage zu behandeln; hierbei sollte der, wie er glaubt, aussichtsreiche Versuch unternommen werden, eine Verständigung mit den fortschrittlichen Kräften sowohl auf christlicher wie auf sozialistischer Seite zu erzielen.

4. Das hier vorgelegte Programm (Abschnitt IV) berücksichtigt nicht in gleichem Maße ›die‹ alten Sprachen und ihre Behandlung an Schulen und Universitäten; es konzentriert sich vielmehr auf einen beschränkten, allerdings wohl vordringlichen Gegenstand. Es möchte nämlich vor allem Mittel und Wege andeuten, wie der relativ großen Zahl von Studierenden, die das Schulfach Latein mit einer neueren Philologie oder mit Geschichte verbinden, zu einem sinnvollen Studium verholfen werden kann. Der Verfasser ließ sich hierbei von der Tatsache leiten, daß die Kenntnis des Lateinischen von allen denen für unentbehrlich gehalten wird, die nicht gänzlich auf das große Repertorium der Vergangenheit verzichten wollen. Die Altphilologie profitiert hiervon seit langem; sie sollte diese Deckung jetzt nicht mehr für eigene Zwecke benutzen, sondern mit den anderen historischen und philologischen Disziplinen gemeinsame Sache machen.

5. Der Verfasser hält die ›zweckfreie Wissenschaft‹ für eine Fiktion der idealistischen Epoche; diese Fiktion hat, wie er glaubt, den Rückbezug alles wissenschaftlichen Tuns auf die jeweilige Gegenwart verhindert und so dessen Anfälligkeit für politische Ideologien erhöht. Diese Behauptung besagt nicht, daß Wissenschaft nicht gewisse Voraussetzungen machen dürfe – wenn sie sich ihrer nur bewußt ist und sie stets aufs neue überdenkt. Der Verfasser hat in diesen Darlegungen vorausgesetzt, daß es sinnvoll sein könne, sich mit Literatur und mit Geschichte zu beschäftigen. Seine Gründe glaubt er nur dann vorbringen zu müssen, wenn er darnach gefragt wird.

Anmerkungen

* »Erziehung zur Sprache« (1920), in: Rede und Antwort – Gesammelte Abhandlungen und kleine Aufsätze. Berlin 1922, S. 365.

[1] Wort und Wahrheit – Monatsschrift für Religion und Kultur 19, 1964, S. 9–42; 103–145: Abschied von der Antike? Eine Enquete über die Zukunft des klassischen Erbes.

[2] Aus der Feder von R. Bayr, aaO., S. 12. Zu der hier geäußerten Vermutung, daß die durch die Enquete hervorgerufenen Urteile z. T. durch regionale und konfessionelle Gegebenheiten bedingt seien, vgl. U. Hölscher, Die Chance des Unbehagens – Drei Essais zur Situation der klassischen Studien. Göttingen 1965, S. 54 ff.

[3] AaO., S. 103 f. und 107 ff.

[4] AaO., S. 20 ff., 30 f., 104 f., 106 f., 114 f., 120 f., 122.

[5] Die angedeuteten Argumente wurden vor allem von W. Schadewaldt formuliert (siehe: Hellas und Hesperien. Zürich / Stuttgart 1960, bes. S. 934 ff.: Sinn und Wert der humanistischen Bildung im Leben unserer Zeit); Schadewaldt gibt aaO., S. 128 f., ein kurzes Resümee seiner Auffassung. Als weitere Fachhumanisten melden sich in der Enquete O. Gigon (aaO., S. 26 ff.; dortselbst der zitierte Satz über die schneidende Gegenwartskritik), G. Picht (aaO., S. 122 ff.) und H. Rüdiger (aaO., S. 126 f.) zu Wort. Das polemische Verhältnis zur Gegenwart als Berufspose des Altphilologen kann sich vor allem auf Nietzsche berufen; siehe z. B. Unzeitgemäße Betrachtungen: Wir Philologen, Nr. 20 und 26.

[6] Siehe aaO., S. 41 f. und 150 f.; vgl. S. 30 f. Eine andere Stimme, die ebenfalls von einem subjektiv-individualistischen Bildungsbegriff ausgeht, hält die humanistische Bildung für unentbehrlich, wenn es gelte, demokratische Gesinnung zu wecken (aaO., S. 141 f.).

[7] AaO., S. 23 f., 131 ff., 139 f. (›Grundwerte‹ u. dgl.), 19 f.; vgl. S. 11, 26, 34 ff., 103 f., 128 f. (›Trias‹ usw.), 112 f. und 142 f. (Renaissancen; zyklische Wiederkehr).

[8] AaO., S. 140 f.; vgl. S. 33 f.

[9] AaO., S. 15 (mit Berufung auf J. Burckhardt), 112 f., 122 ff., 125 f., 127 f. (Antithese ›Antike oder Barbarei‹), 12, 26, 28 ff., 30 f. u. ö. (Gegenwartskritik).

[10] Über die antichristlichen Tendenzen, die sich in der Altertumswissenschaft und der humanistischen Bildung des 19. Jahrhunderts geltend machten, siehe G. Highet, The Classical Tradition. New York / London 1949, S. 355 ff., bes. S. 437 ff.

[11] AaO., S. 37 f., 143 ff., 16, 36 f., 124 f.; vgl. ferner S. 23 f.: es gebe einen Typus des Klassischen Philologen und seiner Adepten, der mit seiner inneren Beziehungslosigkeit zur Rolle der Technik esoterisch kokettiere.

[12] AaO., S. 16, 17 ff., 22 f. u. ö.

[13] AaO., S. 34 ff., 40 f.

[14] AaO., S. 106 f., 40 f., 124 f., 125 f.

[15] AaO., S. 117 ff.; die Kritik an den Versuchen, mit den Begriffen des griechischen Staatsrechts die politischen Strukturen der Gegenwart zu erschließen, in dem Beitrag aaO., S. 40 f.

[16] AaO., S. 115 f., 17 ff.

[17] AaO., S. 25.

[18] AaO., S. 117 ff.

[19] Für ihn bietet der gegenwärtige Zustand allerdings manche Angriffsfläche dar. Die Ära des Positivismus hat der Klassischen Philologie und überhaupt den Altertumswissenschaften noch einmal große Aufgaben gestellt; aus jener Zeit stammen die Corpora von Textausgaben und die lexikalischen Werke, an denen z. T. noch jetzt gearbeitet wird. Seither erschöpft sich die Forschung in der orientierungslosen Behandlung unendlich zersplitterter Einzelheiten; das Reallexikon für Antike und Christentum und die deutsche Aristoteles-Gesamtausgabe gehören zu den wenigen, desto rühmlicheren Ausnahmen. Zudem hat sich die Klassische Philologie von ihren Nachbardisziplinen abgesondert, oder richtiger: eine seit jeher bestehende Isolierung macht sich je länger, desto drückender bemerkbar. Am wenigsten vermag die Klassische Philologie offenbar den neueren Philologien zu helfen: das Handbuch der literarischen Rhetorik (2 Bde., München 1960) wurde von dem Romanisten H. LAUSBERG verfaßt; die Verbreitung dieses Werkes bezeugt, wie dringend man seiner bedurfte. Schließlich sind die Methoden der Klassischen Philologie veraltet oder zumindest der Ergänzung bedürftig; man treibt Textphilologie und retraktiert vieltraktierte Probleme, obwohl das beschränkte Material kaum noch Ergebnisse erwarten läßt, deren Evidenz die bisherigen Feststellungen erheblich überträfe usw.

[20] Der reaktionäre ›Dritte Humanismus‹ Werner Jaegers »war die letzte im Ganzen durchdachte Konzeption« (HÖLSCHER, aaO., S. 74), die man in Deutschland hervorgebracht hat; siehe hierüber unten S. 33 f.

[21] Zum folgenden siehe VERF., »Friedrich August Wolf«, in: Deutsche Vierteljahrsschrift für Literaturwissenschaft und Geistesgeschichte 33, 1959, S. 187–246.

[22] Museum der Alterthumswissenschaft 1, 1807, S. III–IX und 1–145 = Kleine Schriften, hrsg. von G. BERNHARDY. Halle 1869, Bd. 2, S. 808 ff.

[23] Die in diesem Abschnitt gewählte Perspektive sucht die Epoche von Goethe bis George als ein Ganzes zu erfassen. Sie verzichtet daher auf Unterscheidungen, die ein genaueres Studium nicht außer acht lassen dürfte. Einmal stimmten die beiden altertumsbeflissenen Institutionen, die Universität und das humanistische Gymnasium, in ihrer Denkart und ihren Zielen durchaus nicht immer überein; jener Antagonismus, zugleich ein Gegensatz von ›Wissenschaft‹ und ›Pädagogik‹, hat die angedeutete Schizophrenie von deskriptiv-historischer Sehweise und klassizistischem Griechenbild gewiß erheblich gefördert, wenn nicht geradezu ermöglicht. Zum anderen bieten die gegenwartsbezogenen Festreden der Altertumsgelehrten ein je nach Zeitumständen und Standpunkt des einzelnen Betrachters verschiedenes Kostüm dar; überdies hat sich nicht nur das klassizistisch-normative Denken (vgl. hierzu NIETZSCHE, Wir Philologen, Nr. 79 und 96), sondern ebenso die historisch-positivistische Richtung um die Gegenwartsapplikation des Altertums bemüht, wie etwa die Reden U. von Wilamowitz-Moellendorffs, des Vollenders des philologischen Naturalismus, beweisen; siehe hierüber HÖL-

scher, aaO., S. 16 ff. Wenn es um ›Deutschlands Größe‹ oder – nach dem Ersten Weltkrieg – um ›Deutschlands Schmach‹ ging, dann griff auch der radikale Gegner des Klassizismus gern auf das Vokabular der Goethezeit zurück; siehe z. B. U. VON WILAMOWITZ-MOELLENDORFF, »Griechen und Germanen« (1923), in: Reden und Vorträge. Berlin ⁴1926, 2, S. 107: »Wir dürfen sagen, wir kennen jetzt die Hellenen ... deutsche Arbeit hat das Beste dazu getan ... Wir ... sind imstande gewesen, den Hellenen in die Seele zu sehen, weil wir Germanen waren. Denn diese tiefe innere Verwandtschaft ist auch an den Tag gekommen und wird noch deutlicher werden.«

[24] Siehe hierüber VERF., »Die lateinische Literatur der Spätantike«, in: Antike und Abendland 13, 1967, S. 63 ff. und »Die Funktion grausiger und ekelhafter Motive in der lateinischen Dichtung«, in: Die nicht mehr schönen Künste – Grenzphänomene des Ästhetischen, hrsg. von H. R. JAUSS. München 1968, S. 23 ff. Um der Gerechtigkeit willen verdient hervorgehoben zu werden, daß sich die Klassische Philologie die klassizistische Poetik nicht in allen Stücken zu eigen machte; insbesondere hat sie sich gehütet, Goethes Verurteilung der didaktischen Poesie (Über das Lehrgedicht, 1827) auf die antiken Paradigmen der Gattung anzuwenden.

[25] Hierüber fehlt eine Untersuchung, wie sie etwa K. F. WERNER, Das NS-Geschichtsbild und die deutsche Geschichtswissenschaft. Stuttgart 1967, für die Nachbardisziplin vorgelegt hat.

[26] Die beiden hier angedeuteten Leistungen Wolfs – Organisation der Altertumswissenschaft und Emanzipation des Lehrerstandes – hängen eng miteinander zusammen (vgl. NIETZSCHE, Wir Philologen, Nr. 42). Die Beschäftigung mit den vorchristlichen Autoren wurde zum ersten Male während der christlichen Spätantike fragwürdig; die Kirchenväter, zumal Basilios, Augustin, Boethius und Cassiodor ›retteten‹ die heidnische Bildung, indem sie ihr die Aufgabe zuerkannten, als Propädeutikum für das Verständnis der christlichen Lehre zu dienen. Bei dieser Funktion blieb es im wesentlichen während der gesamten christlichen Ära, d. h. vom 5. bis zum 18. Jahrhundert. Wenn nun die Aufklärung und ihre Erbin, die deutsche Klassik, wie auf vielen Gebieten des geistigen Lebens, so auch im Bereich der Bildung und des Schulwesens den christlichen Kosmos ›säkularisierten‹, dann war es nur konsequent, daß man sich nicht nur um ein neues Ziel der altertumswissenschaftlichen Studien, den ›wahren Menschen‹, den ›wahren Gebildeten‹, oder wie die Idealtypen sonst heißen mochten, bemühte, sondern für die neue Aufgabe auch einen neuen Lehrerstand begründete: eben den des Theologiestudiums überhobenen Philologen.

[27] Auch hier hat der Versuch, die Epoche von der Goethezeit bis zum Zweiten Weltkrieg als Ganzes zu betrachten, Simplifikationen mit sich gebracht; in Wahrheit läßt die Altertumswissenschaft des 19. Jahrhunderts zwei Hauptrichtungen, die grammatisch-kritischen und die historisch-antiquarischen Studien, auch kurz ›Wort- und Sachphilologie‹ genannt, erkennen (siehe C.

Bursian, Geschichte der classischen Philologie in Deutschland. München/Leipzig 1883, S. 706 ff.), und um die Jahrhundertmitte hat die ›strengere‹ Methode der Wortphilologie vorgeherrscht; erst Wilamowitz verhalf dem Wolfschen Konzept, der enzyklopädischen Altertumswissenschaft, endgültig zum Siege; vgl. Hölscher, aaO., S. 11 ff.

[28] Die Schultradition hatte während der ganzen christlichen Ära unbefangen ein heidnisch-christliches Amalgam geduldet. Mit Wolfs Klassischer Altertumswissenschaft trat ein fundamentaler Wandel ein: Wie die Archäologie alle Überreste antiker Architektur von mittelalterlichen ›Zutaten‹ befreite, so bemühten sich die Philologen, die nachantiken Bestandteile der antiken Literaturen auszumerzen; bei diesem Bestreben, eine ›gereinigte‹ Antike, die ›Antike selbst‹ zu präsentieren, leistete das methodische Instrumentarium der historisch-philologischen Kritik wichtige Dienste. Der kritische Besen erfaßte schließlich auch so unscheinbare Produkte wie Sprichwörter und Redensarten; siehe A. Otto, Die Sprichwörter der Römer. Leipzig 1890, S. III f.: »... und die Sprichwörter und sprichwörtlichen Redensarten der alten Römer gesäubert und entlastet von den in den vorhandenen Sammlungen ihnen beigemischten biblischen, mittelalterlichen oder gar modernen Sprüchen und Sentenzen zu vereinigen, ist nun in dem vorliegenden Buche versucht worden.«

[29] Im 19. Jahrhundert mochten der Realismus und der Naturalismus, Stile, an denen auch die Altertumswissenschaften vollen Anteil nahmen, über die zunehmende Fremdheit hinwegtäuschen; doch selbst am Werk der Größten, eines Mommsen oder Wilamowitz, erzeigte sich nichts so rasch als schal und zeitbedingt wie die unbefangenen Identifikationen von Einst und Jetzt, von antiken und modernen Zuständen.

[30] Man macht sich wohl kaum einer Anmaßung schuldig, wenn man behauptet, daß sich die Disziplin ›Geschichte der Altertumswissenschaft‹ bislang im wesentlichen mit esoterischer Traditionspflege, mit Chroniken und panegyrischen Einzelstudien, begnügt hat; jedenfalls wurde, was seit Dilthey im Bereich der Geistes- und Wissenschaftsgeschichte möglich ist, noch niemals ernstlich an der Altertumswissenschaft erprobt.

[31] Die verallgemeinernde Konfrontation von ›Alter Geschichte‹ und ›Klassischer Philologie‹ ist gewiß überaus heikel, zumal sich, wie genugsam bekannt, nach dem Ersten Weltkrieg und besonders während des Dritten Reiches mindestens ebenso viele Althistoriker zu Herolden der ›nationalen Sache‹ machten wie Altphilologen. Gleichwohl bleibt bestehen, daß die Alte Geschichte, wie immer sich ihre Repräsentanten zur politischen Ideologie jener Zeit verhielten, einerseits keinen radikalen Bruch mit der vorausgehenden Fachtradition vollzog und andererseits für neue Gegenstandsbereiche und Methoden offen blieb; das Gros der Altphilologen hingegen konzentrierte sich schlagartig auf die ›klassischen‹ Autoren – damals zerrissen fast sämtliche Fäden, die bis dahin die Klassische Philologie mit der Religions- und mit der Sprach-

wissenschaft verbunden hatten; zu letzterem Faktum vgl. die berechtigte Kritik von H. WEINRICH, »Die lateinische Sprache zwischen Logik und Linguistik«, in: Gymnasium 73, 1966, S. 147 ff.

[32] Siehe L. HELBING, Der dritte Humanismus. Berlin 1932 ([3]1935). Man möchte allerdings vermuten, daß in die konfusen Darlegungen dieses jugendlichen George-Verehrers manches sehr eigenwillige Interpretament der Intentionen JAEGERS (wie sie sich in seinem Hauptwerk Paideia, 3 Bde. Berlin [4-2]1959, sowie in seinen Humanistischen Reden und Vorträgen. Berlin 1937, dokumentieren) eingedrungen ist.

[33] Nicht so der ›Schulgründer‹ Jaeger, der Herausgeber Gregors von Nyssa. Auch die folgenden Merkmale, die sich bei der deutschen Altphilologie im Zeitalter zwischen den beiden Weltkriegen hervortaten, treffen auf Jaeger selbst nur bedingt zu. Andererseits läßt sich schwerlich bestreiten, daß sein pädagogisch-politischer Platonismus manches von der Atmosphäre widerspiegelt, die den Hitler-Staat ermöglicht hat.

[34] Es gibt, soviel dem Verf. bekannt ist, in Deutschland keinen Ordinarius für Gräzistik oder Latinistik, der nicht ein volles Studium beider antiker Literaturen absolviert hätte; von dieser Stereotypizität hebt sich eindrucksvoll die Mannigfaltigkeit des Werdegangs von Anglisten, Romanisten, Historikern usw. ab.

[35] Das Thema ›Eigenart der römischen Literatur‹ wurde vor allem von R. HEINZE, Vergils epische Technik. Leipzig 1902 (Darmstadt [4]1957), und F. LEO, Die Originalität der römischen Literatur. Göttingen 1904, entdeckt; es war bald ein Gemeinplatz der latinistischen Forschung. Einzig E. Norden übte Zurückhaltung.

[36] Abermals machte R. HEINZE Epoche: seine Rede »Von den Ursachen der Größe Roms«, Leipzig 1921 = DERS., Vom Geist des Römertums, Ausgewählte Aufsätze, hrsg. von E. BURCK. Darmstadt [3]1960, S. 9–27 = Römertum, hrsg. von H. OPPERMANN (Wege der Forschung 18). Darmstadt [2]1967, S. 11–34, und seine begriffsgeschichtlichen Untersuchungen (»Auctoritas«, in: Hermes 60, 1925, S. 348 ff.; »Fides«, ebenda 64, 1929, S. 140 ff.) eröffneten die hier skizzierte Richtung. Die wichtigsten Arbeiten auf diesem Gebiete sind in dem zitierten ›Römertum‹-Bande zusammengestellt; siehe ferner die Kapitel »Römische Lebensbegriffe« und »Römertum im allgemeinen« in: K. BÜCHNER und J. B. HOFMANN, Lateinische Literatur und Sprache in der Forschung seit 1937 (Wissenschaftliche Forschungsberichte 6). Bern 1951, S. 185 ff., und den Abschnitt »Römertum«, in: K. BÜCHNER, Humanitas Romana. Heidelberg 1957, S. 240 ff.

[37] Siehe z. B. K. BÜCHNER, »Altrömische und horazische virtus«, in: Antike 15, 1939, S. 145 ff. = Studien zur römischen Literatur 3. Wiesbaden 1962, S. 1 ff.; G. LIEBERS, Virtus bei Cicero. Diss. Leipzig 1942 usw. Die nachklassische Epik versah indes die *virtus* der Klassiker mit einem energischen Fragezeichen; zu Lukan vgl. W. RUTZ, »Amor mortis bei Lucan«, in: Hermes 88, 1960, S. 462 ff.; siehe ferner z. B. Silius Italicus 6, 42 und 54; Statius, Thebais 7, 47 ff. Die Polemik des Textes gilt nicht den einzelnen Verfassern, sondern der all-

gemein verbindlichen idealistischen Atmosphäre, die im vorhinein entschied, was der Untersuchung wert sei und was nicht.

[38] HEINZE macht am Schluß seiner Rede »Von den Ursachen der Größe Roms« expressis verbis auf die Modellfunktion seiner Darlegungen aufmerksam. Er schränkt die Gültigkeit der Analogie ein: Deutschland habe nicht, wie Rom, nach der Weltherrschaft gestrebt; das deutsche Volk sei indes zu großen Kulturtaten berufen, die kein anderes Volk der Erde ihm abnehmen könne; hierfür bedürfe es der ihm angemessenen politischen Größe. Die Erfahrung hat gelehrt, wie rasch der emphatische nationale Sendungsglaube seine politischen Ziele zu ändern vermochte. Immerhin haben Heinzes begrenzende Formulierungen den Vorzug der Klarheit. Die spätere ›Römertum‹-Literatur stellt die Beziehung von historischem Gegenstand und eigener Gegenwart im allgemeinen durch teils verhüllende, teils ködernde lexikalische und stilistische Mittel her; siehe z. B. U. KNOCHE, »Die geistige Vorbereitung der augusteischen Epoche«, in: Das neue Bild der Antike, hrsg. von H. BERVE. Leipzig ²1942, S. 202 = Römertum usw., S. 206: »Horaz verkündete in dem Augustus-Gedicht (4, 15) den Führungsanspruch des Reiches auf Grund der altrömischen Lebenswerte; und in mannigfachen Varianten lebte die Augusteische Prägung des römischen Sendungsbewußtseins weiter, man kann schon sagen, bis auf den heutigen Tag.«

[39] In Wahrheit widmete sich die Klassische Philologie bereits der Spätphase der heidnischen Literaturen nur noch mit halbem Herzen; der ästhetische Kanon verhinderte vor allem, daß man die bedeutsame nachklassische, ›moderne‹ Dichtung der Römer (Seneca, Lukan, Statius), eines der wichtigsten Fundamente des europäischen Barock, zu erfassen suchte. Seit dem Zweiten Weltkrieg bemüht man sich, die überkommenen Positionen zu revidieren; vgl. VERF., Die Funktion grausiger und ekelhafter Motive in der lateinischen Dichtung, aaO., S. 25 f.

[40] Immerhin verdient hervorgehoben zu werden, daß sich die Klassische Philologie seit einigen Dezennien mehr und mehr auf die geistigen Voraussetzungen des Mittelalters, auf die Literatur der christlichen Spätantike, einläßt; vgl. VERF., Die lateinische Literatur der Spätantike, aaO., S. 67. Unter den neueren Philologien hat vor allem die Romanistik den Grund für das hier skizzierte Programm der Rezeptionsgeschichte gelegt, zumal die Schriften der beiden Antipoden E. Auerbach und E. R. Curtius.

[41] Mitteilungsblatt des deutschen Altphilologenverbandes 12, 1968, S. 1 ff. Der Verf. identifiziert sich im wesentlichen mit dem dort Vorgebrachten.

[42] Diese Bemerkung zielt auf THEODOR LITTS bedauerliche Kampfschrift »Das Bildungsideal der deutschen Klassik und die moderne Arbeitswelt« und auf alles, was diese Schrift nach sich zog.

CÄSAR ODER ERASMUS?

Überlegungen
zur lateinischen Lektüre am Gymnasium

»On le proclame depuis vingt ans et tous les collègues que nous avons interrogés l'ont reconnu, les élèves ne sont plus capables d'affronter César à leur sortie de 5e« –

so läßt sich Rousselet, ein französischer Didaktiker des Lateinischen, vernehmen, und er führt, sein Urteil zu begründen, weiterhin aus:

»Nous avons (...) interrogé, suivant les procédés du Gallup, un certain nombre d'étudiants de Propédeutique. La plupart n'avaient sur la Guerre des Gaules que le souvenir de longs discours, d'une stratégie obscure, de batailles sans couleurs, et l'un d'eux (...) insistait sur l'impossibilité où se trouve le chercheur moderne de satisfaire sa curiosité: la querelle d'Alésia le prouve. Un autre nous dressa le bilan de son ennui, pour avoir mis des semaines à se rendre – quam maximis itineribus! – de Besançon à Dijon.«[1]

Rousselet steht mit seinen Bedenken nicht allein. Ich kann zwar hierfür nur deutsche Gewährsleute nennen. Ich bitte um Verständnis. Auf den Höhen der Wissenschaft weht internationale Luft. Wer sich, wie ich in diesem Referat, in den ›Niederungen‹ der Didaktik bewegt, muß sich meist mit einheimischer Kost begnügen. Nun einige Proben aus dieser Kost.

Fr. Leo erklärte im Jahre 1910:

»Was Cäsar angeht, so muß ich denen recht geben, die ihn der Schule fernzuhalten wünschen. Gewiß, er hat die Einfachheit des Gewaltigen, dessen Worte Taten sind (...) Aber die Art der Kriegführung, die Tendenz des Berichtes muß junge Seelen abstoßen, das Buch ist nur von der großen Politik her richtig zu verstehen. Und es ist und bleibt eine Bizarrerie, daß der große Cäsar pueros elementa docet.«[2]

Der Pädagoge H. von Hentig schrieb im Jahre 1966:

»Wenn man nach einem halben Jahr, nachdem die Helvetier mühsam besiegt worden sind, einmal fragte, ob denn der Cäsar Freude mache, wird man bei genauerem Hinhören nur erfahren, wie beliebt der Lehrer ist, und nicht, wie der Schüler zur Sache steht. Die Sache ist nicht vorhanden – denn sie ist ihm nicht adäquat. Der einfache Beweis dafür ist, daß man einem Dreizehn- bis Vierzehnjährigen eine deutsche Ausgabe von Cäsar nicht in die Hand geben und erwarten kann, daß er sie mit Interesse liest.«[3]

Um schließlich noch einen anwesenden Zeugen ins Feld zu führen, W. Ludwig hat sich zu unserem Problem vor nunmehr fünf Jahren wie folgt geäußert:

»Ich fürchte, heiligste Güter anzugreifen, wenn ich mit der Meinung herausrücke, die Schule könne auch ohne Caesars Bellum Gallicum auskommen. Daß sich der Schüler zuerst durch den Gallischen Krieg zu quälen habe, ist ein so festgewurzeltes Dogma, daß es zu bezweifeln barer Unverstand zu sein scheint. Man meint: ›Anfangslektüre wird Caesar immer bleiben müssen wegen der Klarheit und der relativen Einfachheit der Diktion‹, und weiß dabei wohl nicht, daß dieses Dogma verhältnismäßig jungen Ursprungs ist (...) Auch ist es gar nicht so, daß die Schüler oder gar die Schülerinnen heute an den Feldzugsschilderungen einen besonderen Spaß hätten. Im Gegenteil, die Caesarlektüre verursacht oft eine bleibende Enttäuschung am Latein, da der Schüler, der gehofft hatte, die Autorenlektüre werde die grammatische Arbeit der ersten Jahre lohnen, sich nun durch diesen Text durchzurackern hat, ohne das Gefühl zu haben, daß er irgendwie für ihn selbst relevant sei.«[4]

Cäsar ist fast ein Parvenu unter den Schulschriftstellern. Er teilt sich freilich mit Sallust und Tacitus in diese Rolle: drei der vier ›Großen‹ unter den römischen Historikern haben erst im 19. Jahrhundert ihre jetzige Geltung erlangt. Bis dahin bevorzugte man – außer Cornelius Nepos und Livius – die Alexandergeschichte des Curtius Rufus, den Auszug Justins, die Kompendien eines Eutrop oder Aurelius Victor. Cäsar hingegen war damals teils historische Quelle, teils Fachschriftsteller; er wurde vor allem zu militärischen Zwecken studiert. Die Schulreglements des 16., 17. und 18. Jahrhunderts erwähnen ihn nur selten, und wenn sie ihn erwähnen, dann weisen sie ihn gewöhnlich den oberen Klassen zu.[5] Daß Cäsar nicht in die Hände von Kindern gehöre, scheint übrigens auch Erasmus angenommen zu haben: er nennt ihn unter den Autoren, aus denen die Jugend ihr Latein erlernen solle, an fünfter und letzter Stelle – nach Terenz, Vergil, Horaz und Cicero.[6]

Cäsar ist, seit er zum Schulautor avancierte, lebhaft umstritten; die hier erwähnten Proteste haben Vorläufer in der Diskussion des 19. Jahrhunderts (Eckstein, S. 219 f.). Die Argumente der Befürworter kreisen um das Werk selbst; sie gründen sich auf dessen ›objektive‹ Vorzüge. Cäsars Sprache, sein Stil, so pflegt es zu heißen, zeichne sich durch Einfachheit, Klarheit, Natürlichkeit aus; eine ganz neue Stimme vermag im *Gallischen Krieg* sogar die jetzt modische pädagogische Kategorie des ›Elementaren‹ zu entdecken.[7] Der Gegenstand aber, wissen die Cäsar-Befürworter weiterhin zu rühmen, sei ein Dokument, ihm eigne – im Gegensatz etwa zu Curtius Rufus – von Anfang bis Ende uneingeschränkte Historizität und er sei bedeutend, sei ›groß‹, weil er den ›großen‹ Cäsar zum Mittelpunkt habe, weil er das ›Römertum‹ erschließe.[8] Nun zu den Cäsar-Gegnern. Sie rekurrieren nicht auf das Werk, sondern auf das Publikum, dem dieses Werk zugemutet wird – also auf die jungen Gymnasiasten. Und sie bedienen sich folgerichtig nicht werkimmanenter Kriterien; sie führen rezeptionsästhetische Kategorien ins Feld. Dem Dreizehn- bis Vierzehnjährigen, so erklären sie, fehle jedes Verständnis für Form und Inhalt des *Gallischen Krieges*: die Sprache erscheine seinem freudlosen Bemühen als öde Plackerei, und der Ge-

Gaius Iulius Caesar (100–44 v. Chr.)

genstand – monotone kriegerische Operationen, die einer niederträchtigen Machtpolitik dienen – erzeuge bei ihm teils Langeweile, teils Abscheu und Widerwillen. Unter den publikumsbezogenen Argumenten der Cäsar-Gegner ist eines so gewichtig, daß selbst ein eingefleischter Befürworter vor ihm die Waffen streckt: »Gewiß, es können Schwierigkeiten auftreten«, heißt es lapidar in einer führenden deutschen Methodik des altsprachlichen Unterrichts, »wenn man mit Mädchenklassen Caesar liest.«[9] Auch Rousselet befaßt sich mit diesem Problem, und ich sehe nicht, wie sich seine nüchterne Feststellung widerlegen ließe: »Les femmes constituent la moitié du genre humain, et chez nous du monde scolaire, demain elles représenteront les trois quarts des enseignants.« Und er folgert daraus, man möge doch ein Programm ersinnen »donnant de la civilisation latine une image plus humaine et plus édifiante que les sempiternels récits guerriers« (aaO., S. 87).

Hier werkimmanente Kriterien, dort die Rücksicht auf das Fassungsvermögen und die Antriebe oder – wie man jetzt zu sagen pflegt – die Motivation der Schüler: wie ersichtlich, reden die Befürworter und die Gegner der Cäsar-Lektüre weithin aneinander vorbei. Unausgesprochen scheint sich hinter der Kontroverse ein Gegensatz der pädagogischen Haltungen zu verbergen: hier ein eher autoritärer Stil, der das für richtig Erkannte auf Biegen oder Brechen einzuexerzieren sucht; dort ein liberaler Standpunkt, der – bei allem Respekt vor der Sache, die gelehrt werden muß – dem Kinde läßt, was des Kindes ist. Jene mehr autoritären Altphilologen können sich übrigens nicht auf die pädagogischen Grundsätze des europäischen Humanismus berufen, jedenfalls nicht auf Erasmus. Denn Erasmus war der Meinung, daß die Mühe des Lernens als Spiel erscheinen müsse, und er versicherte mit Emphase:

In deligendis his [d. h. bei der Wahl der Unterrichtsstoffe] *vigilabit institutor, ut quod iudicabit maxime gratum pueris maximeque cognatum et amabile ac, ut ita dicam, florulentum, id potissimum proponat (…) Ut (…) absurdum sit in vere maturam uvam quaerere, in autumno rosam, ita praeceptori observandum est, quid cuique congruat aetati. Iucunda et amoena pueritiae conveniunt.*[10]

Nun haben die Cäsar-Befürworter bislang die Oberhand behalten – jedenfalls in den deutschsprachigen Ländern, und offenbar ebenso in Frankreich. Man kann hierfür gewiß auch das Trägheitsmoment verantwortlich machen, das allem Institutionellen anhaftet: was einmal in die Lehrpläne gelangt ist, läßt sich nicht so leicht daraus vertreiben. Außerdem legen viele Altphilologen in eigener Person Zeugnis dafür ab, wie stark die Bildung, die sie vermitteln und die ihnen selbst zuteil geworden ist, zu prägen vermag: sie haben ihre ›Grundsätze‹; sie prangern epochale Veränderungen des Bewußtseins, wenn sie sie überhaupt bemerken, als ›Mode‹ an; sie meinen, man mache sich der ›Anpassung‹ schuldig, wenn man auf diese Veränderungen Bedacht nehme. Die sicherste Bastion indes – eine Bastion, die geeignet scheint, den Schriftsteller Cäsar gegen noch so wirksame Angriffe zu schützen – ist von anderer Art: man gerät in Verlegenheit, wenn man Autoren benennen soll, die man Dreizehn- bis Vierzehnjährigen an Stelle Cäsars vorsetzen könnte. Wenn nicht Cäsar, was dann? Ich halte diese Notlage für erheblich; sie ist vielleicht die ärgste Malaise, die Crux schlechthin des Lateinunterrichts.

Man hat die Schwierigkeit längst bemerkt. Die lateinische Literatur der Antike ist notorisch arm an Werken, die sich für Kinder eignen; sie enthält nichts, was sich mit den *Lettres de mon moulin* oder gar mit dem *Petit Prince* vergleichen ließe – mit Erzeugnissen also, zu denen die Französischlehrer, von ähnlicher Not getrieben, gern ihre Zuflucht nehmen. ›Caesar ist unersetzlich‹ frohlocken daher die Befürworter; die Gegner aber haben bislang nur wenige und nicht durchweg überzeugende Aushilfen vorzuschlagen gewußt. So verweisen sie gern auf ein einführendes Lesebuch; Rousselet zumal schildert dieses auch von ihm geforderte Hilfsmittel in den leuchtendsten Farben (aaO., S. 86 ff.; vgl. Ludwig, S. 8). Allein, ein solches für die Anfangslektüre geeignetes Lesebuch existiert noch nicht, und es ist nicht leicht vorstellbar, wie man es mit einerseits originalen, andererseits für Kinder tauglichen Texten füllen könnte. Man hat weiterhin – so Fr. Leo – Phädrus vorgeschlagen, und außerdem das 1. Buch des Livius, das, wie Leo meint, ein »richtiges Kinderbuch« sei. Und schließlich W. Ludwig: er glaubt, man könne getrost mit einer Cicero-Rede oder einer Komödie des Terenz beginnen (Leo, S. 174 f., Ludwig, S. 7). Nun ist Phädrus gewiß geeignet – doch reicht er aus? Wie viele Stunden lassen sich mit ihm bestreiten, ohne daß die Kinder der Wölfe, Lämmer, Frösche, Ochsen usw. überdrüssig werden? Die Reden Ciceros aber und das 1. Buch des Livius: sind sie wirklich leicht genug? Gesucht wird doch eine Lektüre, die leichter ist als Cäsar, nicht ebenso schwierig oder gar ein wenig schwieriger.

So bleibt Terenz.[11] Dieser Vorschlag verdient ernsthaft erwogen zu werden, oder richtiger, dessen bedarf es eigentlich gar nicht mehr. Terenz figuriert als erster Autor im Kanon des Erasmus; Terenz hat überhaupt bis zum Beginn des 19. Jahrhunderts die Stelle eingenommen, die jetzt Cäsar innehat. Sein Wortschatz ist nicht größer als der Cäsars, und statt der Kampfvokabeln, von denen der *Gallische Krieg* strotzt (*proelium, pugna, exercitus* usw. begegnen in allen Komödien insgesamt zehnmal), findet der Schüler bei Terenz Wörter wie *amor* und *gaudium*, wie *pater* und *filius*, wie *bonus* und *malus* – lauter Kategorien, die er im Cäsar mit der Lupe suchen muß. Der Satzbau ist einfacher, die Sätze sind wesentlich kürzer als bei Cäsar; außerdem bringt der Dialog oft man-cherlei Wiederholungen von Satzelementen mit sich – eine Tatsache, die sich überaus günstig auf das Tempo der Lektüre auswirkt. Die Stoffe endlich spiegeln die Alltagswelt – wobei die Sklaven- und Hetärenrollen und zumal das launische Spiel des Zufalls dafür sorgen, daß die erforderliche Distanz ge-wahrt bleibt; die Stoffe befassen sich überdies mit Themen, die nicht außerhalb des Horizonts Heranwachsender liegen und die Jungen wie Mädchen in gleicher Weise anzusprechen vermögen.

Die Suche nach einem brauchbaren Cäsar-Ersatz ist been-det: Phädrus und Terenz, allenfalls noch das eine oder andere Stück von Plautus – so lautet das bescheidene Fazit. Und wenn ein Lehrer nicht jedes Jahr eine Komödie lesen mag, wenn er sich einer Klasse gegenübersieht, der es für die dort verhandelten Liebesaffären notorisch an Reife fehlt, wenn er auch nach der Lektüre einer Komödie, die etwa vier Monate beanspruchen mag, noch nicht an Cicero, Sallust oder Livius heranzugehen wagt: was dann? In allen diesen und manchen ähnlichen Fällen versagt die lateinische Literatur der Antike. Hier müßte man also, wollte man Abhilfe schaffen, in anderen Epochen Ausschau halten. Ein verwegener Gedanke – gilt es doch als höchstes Ziel des Lateinunterrichts, die Literatur der Römer zu erschließen. Allein die Frage, wie verwegen dieser Gedanke ist, soll hernach geprüft werden; vorerst steht einzig das didaktische Problem zur Debatte: wo finden sich Texte, die leicht sind und dreizehn- bis vierzehnjährige Schüler und Schülerinnen etwas angehen; wo finden sich Texte, die nicht im Gewande einer schwierigen fremden Sprache obendrein noch schwierige fremde Gegenstände darbieten, die entweder der Phantasie Nahrung geben oder im vertrauten Milieu des Alltags Allgemein-Menschliches behandeln?

Die Spätantike ist kaum ergiebiger als die Antike selbst.

Sie hat nur ein einziges in sprachlicher Hinsicht wirklich leichtes Werk hinterlassen: die Vulgata. Doch im Mittelalter und erst recht in der frühen Neuzeit ändert sich das Bild: dort trifft man auf eine Fülle von Texten, die leicht, gefällig, bedeutend und für Heranwachsende geeignet sind. Das Wichtigste soll sogleich Revue passieren; zuvor aber scheint es angezeigt, einen Begriff einzuführen, unter den sich vieles von diesem Wichtigsten subsumieren läßt: den Begriff ›kleine Gattungen‹. Der Ausdruck deckt sich ungefähr mit dem, was man seit einem bekannten Buch des Germanisten A. Jolles als ›einfache Formen‹ zu bezeichnen pflegt.[12] Eine exakte Definition ist nicht möglich. Es gibt kleine Gattungen sowohl in Versen als auch in Prosa; sie sind teils selbständig, teils – wie das Exempel in der antiken Tradition oder Jesu Gleichnisse bei den Synoptikern – unselbständig, d. h. sie haben als in sich geschlossene Gebilde eine Funktion in einem größeren Darstellungs- oder Argumentationszusammenhang. Manches, das dem Bereich der kleinen Gattungen angehört, ist anonym überliefert; vieles läßt sich treffend als ›para-‹ oder ›subliterarisch‹ charakterisieren. Der Umfang kleiner Gattungen reicht von einer Zeile bis zu einer Textseite. In diesen Rahmen fügen sich jedenfalls das Sprichwort und die Sentenz, die Fabel, das Apophthegma, die Anekdote, der Witz und das Rätsel, der Kasus der römischen Juristen und die Typologie nach Art des *Physiologus*; man kann, wenn man die Bestimmung der oberen Grenze großzügig handhabt, die Legende, die Novelle, die kurze Biographie, den knappen Dialog einbeziehen. Den kleinen Gattungen eignet meist ein wenn nicht moralisches, so doch didaktisches Moment; sie sind fast stets in der alltäglichen Sphäre des Menschen zu Hause und suchen oft typische Gegebenheiten festzuhalten.

Die kleinen Gattungen haben einst – angefangen mit den *Disticha Catonis* – eine erhebliche Rolle in der abendländischen Schule gespielt; sie sind eines der sichtbarsten Zeichen antik-europäischer Kontinuität. Das bürgerliche Zeitalter – das Zeitalter des Idealismus, des Historismus und des Nationalismus – war ihnen gram; es bevorzugte in hochfliegender Gesinnung das ›Große‹: die große Persönlichkeit, das große Kunstwerk, die große Epoche, die große Nation. Die Universitäts-Altphilologie, in ihrer jetzigen Gestalt noch stets Exponent dieses Zeitalters, legt hiervon Zeugnis ab: sie kennt die kleinen Gattungen nur aus der Perspektive positivistischer Bereitstellung des Materials; sie kennt sie nicht oder kaum als Objekt struktureller und funktioneller Betrachtungsweisen[13] – obwohl doch die alt- und neutestamentliche Theologie, zumal die Bultmann-Schule, auf diese Weise eine der bedeutendsten geisteswissenschaftlichen Leistungen unseres Jahrhunderts erbracht hat und obwohl jetzt auch die neueren Philologien auf gutem Wege sind, die reiche Tradition der kleinen Gattungen mit angemessenen Methoden zu erschließen. Die Schul-Altphilologie, der altsprachliche Unterricht, ist den kleinen Gattungen erst recht entfremdet – so sehr, daß jüngst ein tüchtiger Didaktiker behauptete, indem er, von unnötigem Neid geplagt, die Möglichkeiten des Englischunterrichts mit den eigenen Möglichkeiten verglich: »Was dort« (d. h. in den Lehrbüchern für Englisch) »geboten wird, Dialoge, Lieder, Rätsel, Witze, Limmericks, szenische Bearbeitungen usf., ist sicher nur zum geringen Teil auf die alte Sprache übertragbar.«[14] So macht man sich kaum einer Übertreibung schuldig, wenn man meint, daß ein Altphilologe, der etwas von den kleinen Gattungen hält, fast schon ein Programm formuliert: er wünscht ja, daß auch im altsprachlichen Unterricht nicht nur das Fundamentale, Monumentale und Einmalige seine Stätte habe, sondern ebenso das Gewöhnliche, Unscheinbare und Alltägliche, das ›So-ist-der-Welt-Lauf‹ und ›So-war-es-immer-schon‹, aber auch das Pointierte und Ätzende, das Listige und Lustige, das Kuriose, Paradoxe, keiner Norm noch Regel sich Fügende. Und vielleicht darf ein solcher Unterricht, der auch das Kleine nicht verschmäht, erst recht beanspruchen, dem Großen zu dienen.

Zurück zum Problem der lateinischen Anfangslektüre. Das Mittelalter bietet an: Fabelsammlungen wie den sogenannten *Romulus*; Exempel, Schwänke und Novellen in Fülle – ich nenne nur Petrus Alfonsi, Vinzenz von Beauvais, Jakob von Vitry, Caesarius von Heisterbach, die *Gesta Romanorum*; Hagiographie – ich erwähne lediglich die *Legenda aurea*; legendenhafte Geschichte nach Art der *Gesta Caroli Magni*; Chroniken und Darstellungen des *origo-gentis*-Typs – von Paulus Diaconus bis Saxo Grammaticus. So viel aus dem Bereich der Prosa: meist kleinen Gattungen zugehörig, jedenfalls aus Sequenzen kleinerer Erzähleinheiten bestehend. Man kann noch allerlei Poesie hinzufügen, Paradigmen aus geistlichen und weltlichen Kleinformen, und es bedarf keiner Prophetengabe für die Versicherung, daß sich schon aus diesem Material ein stattliches Anfänger-Lesebuch zusammenstellen läßt – so bunt und mannigfaltig, so vergnüglich und besinnlich, so belehrend und unterhaltsam, als man sich nur wünschen kann. Allerdings, die lateinische Literatur des Mittelalters ist in mittelalterlichem Latein verfaßt, und sie bewegt sich unvermeidlich im Horizont einer uns fremden Entwicklungsstufe der christlichen Religion. Folglich – und aus manchen anderen Gründen – werden viele Lehrer didaktische und geschmackliche Skrupel haben, mittelalterliche Literatur, es sei denn nebenher, in Betracht zu ziehen; ich halte mich daher mit dem Mittelalter nicht länger auf und wende mich der Neuzeit zu: was sie bietet, ist ja in sprachlicher Hinsicht makellos und in stofflicher Hinsicht nicht selten fast schon modern.

Die Humanisten haben ein gut Teil ihrer Werke eigens für die Schule verfaßt. Sie lehrten ihre Zöglinge den mündlichen und schriftlichen Umgang mit dem Lateinischen. So schrieben sie Dialoge für die elementaren Erfordernisse der Alltags-Konversation, Dramen für ein gehobenes Niveau und Reden als anspruchsvolle Dokumentation ihres eigenen Könnens[15]. Diese Tatsache gibt zu einer Verwahrung Anlaß. Die aktive Beherrschung des Lateinischen kann heutzutage kein ernsthaftes Unterrichtsziel mehr sein. Ich halte daher die Latinvivant-Bestrebungen insoweit für einen Anachronismus, für eine wohlgemeinte Utopie. Andererseits ist eine Sprache ohne Bezug zur Wirklichkeit so viel wie ein Lebewesen ohne Leib; es besteht ein dringendes Bedürfnis, den Schülern das Gefühl zu nehmen, daß das Lateinische als eine Art Sondersprache von Feldherren und Philosophen allein für vertrackte Perioden und erhabene Gedanken tauge, sie ahnen zu lassen, daß es in Wahrheit ein ganz gewöhnliches, jedermann zugängliches Verständigungsmittel gewesen ist. Für diesen Zweck eignen sich zahlreiche Schriften der Humanisten vortrefflich, und da sie nicht selten erheblich leichter sind als Cäsar oder Terenz, erlauben sie eine Änderung des bestehenden Zustandes, die didaktisch äußerst erwünscht ist: daß man die bisher übliche strenge Trennung von Sprachunterricht und Lektüre aufgebe, daß man den Sprachunterricht schon nach zwei Jahren, ja einem Jahr durch diese oder jene Oase eines unterhaltsamen Textes auflockere.

Die Humanisten wären keine Humanisten gewesen, wenn sie die kleinen Gattungen nicht intensiv gepflegt hätten. Ob sich freilich die berühmten erasmischen Adagien für unsere Zwecke sonderlich eignen, lasse ich dahingestellt. Ich nenne daher nur die Apophthegmen des Beccadelli, des Enea Silvio, des Erasmus. Ich nenne weiterhin jene Sammelkategorie, für die Poggio die Bezeichnung Fazetie eingeführt hat – diese Kategorie umfaßt Anekdoten, Apophthegmen, Fabeln, Mirakelgeschichten und Schwänke. Ich habe bei Poggio selbst die

Probe aufs Exempel gemacht: von den 273 Stücken seiner Fazetien ist mindestens ein Zehntel tauglich, jugendlichen Gemütern Freude zu bereiten und zugleich Stoff zum Nachdenken zu gewähren, und ich nehme an, daß es bei Bebel und Frischlin, den erfolgreichsten Fortsetzern Poggios, nicht wesentlich anders steht. Ich nenne drittens die Briefe, womit ich allerdings den Bereich der kleinen Gattungen im strengen Sinne verlasse; hier kommen vor allem Poggio, Enea Silvio und Erasmus in Betracht. In nenne viertens die Pamphlete, satirischen Dialoge und paradoxen Lobreden – eines Alberti, Pontanus oder Hutten, wobei das *Enkomion moriae* des Erasmus, die Perle unter den Prosaschriften der Humanisten, besonders hervorgehoben zu werden verdient. Und ich schließe diesen Katalog mit einem Hinweis auf die Deklamationen Melanchthons – welcher Lausbube fände nicht sein Vergnügen und vielleicht auch ein bißchen Einsicht, wenn ihm die *Oratio de miseriis paedagogorum* im Spiegel eines heiteren Lamentos die Nöte seiner vermeintlichen Peiniger entgegenhält.

Eine Gattung habe ich mir noch aufgespart: jene Dialoge, die eigens für Schüler geschrieben wurden – den Mutterboden also, aus dem die erasmischen *Colloquia familiaria* in allmählicher Fortbildung erwachsen sind.[16] Die Gattung war vor allem am Niederrhein und in den Niederlanden beheimatet: sie wurde bald zu einer europäischen Angelegenheit. Ihre Geschichte erstreckte sich über drei Generationen. Die Entwicklung begann – um das Jahr 1480 – mit anonymen Phraseologien, mit Sammlungen von Redewendungen, die aus Terenz entnommen waren. Sie schritt über den *Dialogus parvulis scholaribus ad Latinum idioma perutilissimus* des Paulus Niavis (alias Paul Schneevogel) und andere Gesprächsbücher rasch ihrem ersten Höhepunkt, den erasmischen *Colloquia* (die Editio princeps erschien im Jahre 1518), entgegen. Es

Erasmus von Rotterdam (1466–1536)

Qui te non norit, Musas quoque nesciat esse.
   In summo sedem namque Helicone tenes.
(Wer dich nicht kennt, weiß auch von den Musen nichts.
   Denn du bist hoch oben auf dem Helikon zu Haus.)

folgten die unvermeidlichen Erasmus-Nachahmer, z. B. der streitbare Hadrianus Barlandus aus Löwen; es folgten weitere Schülergespräche sowie der zweite Höhepunkt: die witzige, gedankenreiche und geradezu enzyklopädische *Linguae Latinae exercitatio* des Luis Vives (im Jahre 1538). Und die Entwicklung endete – abermals nach einer Reihe weniger bekannter Specimina – mit einem dritten Höhepunkt, den *Colloquia scholastica* des Nordfranzosen Mathurinus Corderius (vom Jahre 1564). Erasmus, Vives, Corderius: diese Reihe ist vor allem am Erfolg abgelesen; die Werke dieser drei erlebten über hundert, im Falle des Erasmus sogar Hunderte von Auflagen – sie gehörten lange zum unentbehrlichen Inventar der europäischen Schule. Die Zeit, da sie dann wohl entbehrlich wurden, läßt sich ziemlich genau bestimmen: die kontinuierliche Reihe der Editionen bricht bei Corderius im Jahre 1781 und bei Vives im Jahre 1782 ab; der Historismus meldete seine Rechte an, und mit ihm kam die neue Altertumswissenschaft, die sich radikal aller zwischen Antike und Gegenwart vermittelnden Tradition entäußerte.

Die Gesprächsbücher haben im allgemeinen die Welt der Schüler zum Gegenstand; sie beruhen also auf dem lobenswerten didaktischen Prinzip, daß die fremde Sprache zunächst an bekannten Dingen geübt werden müsse – nicht sogleich an Legionen, Legaten und Liktoren und an dem gesamten übrigen Staats- und Militärapparat der Römer. Sie sind nicht zimperlich; sie bieten recht ungeschminkt die Wirklichkeit dar. Eine Fülle von Genrebildern zeichnet die Schule und ihre Pflichten; man hört von Schwänzen und Faulheit, von Streichen und ihrer Bestrafung, von Briefen und Nachrichten, Reisen und Besichtigungen, Schmäusen, Festen und Prozessionen, Hochzeitsfeiern und Sportveranstaltungen und vielem anderen mehr, und alles ist mit Witz und Spaß und Ironie und Derbheit köstlich gewürzt. Diese Charakteristik gilt nicht

etwa nur für die drei berühmten Werke (die *Colloquia* des
Erasmus reichen ohnehin in andere Sphären): sie gilt auch für
das Mittelmaß, die Gespräche eines Paulus Niavis, Petrus
Mosellanus, Hermannus Schottenius usw. Hier eine Probe; sie
ist den zweisprachigen *Collocutiones duorum puerorum* des
Zwoller Rektors Hermann Torrentinus entnommen (Bömer,
S. 67 ff.):

> *Unde venis, Petrelle?*
> *E templo, Syrisce.*
> *Quid illic fecisti?*
> *Turbinem circumegi.*
> *Hoc facere in templo minime decet.*
> *Id ipsum nunc vapulando didici.*

> Peterken, wan comstu?
> Uut die kerke.
> Wat hebstu daer ghedaen?
> Ick heb den bat ghedreven.
> Dat beteemt niet, dat ment in die kerke doe.
> Dat heb ic nu oeck mit slage gheleert.

Der Dialog schließt mit Sätzen, die vom allergehorsamsten
non scholae, sed vitae discimus des 19. Jahrhunderts weit entfernt sind: *Atat, campana tertiam sonat horam! Alio prope-
randum est! – Quo, Petrelle? – Quo nusquam magis invitus.
– Ad scholamne? – Immo ad carcerem! – Eho, quid ita?
Scholam carcerem vocas? – An non carcer tibi videtur, qua
nos magister velut in cavea clausos conservat?* Auch die Kirche bekommt ihr Teil; bei Schottenius z. B. weiß ein Schüler,
dem vorgeworfen wird, er gehe nur an Sonntagen zur Messe,
vortrefflich von seinen Kenntnissen Gebrauch zu machen: er
beruft sich auf zahlreiche sehr gelehrte Männer, die nur
höchst selten die Kirche besucht hätten (Bömer, S. 138).

Genug der Illustration. Die meisten der gegenwärtig im

Schwange befindlichen lateinischen Unterrichtswerke strotzen von ›Manneszucht‹ und ›Götterfurcht‹, und die dort figurierenden ›altrömischen‹ Familien sind oft in den Dunstkreis einer penetranten moralischen Vollkommenheit gehüllt. Wenn es eines historischen Beweises bedarf, daß es auch anders geht, die Schülergespräche des 16. Jahrhunderts erbringen ihn. Die Lehrer jener Zeit waren offenbar von berechtigtem Selbstvertrauen erfüllt, und sie führten ihre Zöglinge an der losen Leine schmunzelnder Liberalität.

Das didaktische Problem der lateinischen Anfangslektüre ist hiermit abgehandelt. Das Ergebnis lautet: wer den Heranwachsenden nur Texte in die Hand geben will, die ihren Fähigkeiten angemessen sind und ihnen Freude bereiten, dem stehen im Bereich der römischen Antike lediglich Phädrus und Terenz zu Gebote. Er ist daher, wenn ihm dieses Repertoire als zu schmal erscheint, auf die nachantike Latinität, auf das Mittelalter und zumal auf die frühe Neuzeit angewiesen; er handelt, wenn er dieser Nötigung nachgibt, den zusätzlichen Vorteil ein, daß er früher, als jetzt üblich ist, mit der Lektüre beginnen, daß er Sprachunterricht und Lektüre ineinanderschachteln kann.

Nun ist es, wie ich schon andeutete, ziemlich verwegen zu fordern, das Gymnasium möge, und sei es nur bei der Anfangslektüre, die Beschränkung auf die antiken Autoren preisgeben und sich für mittelalterliche oder neuzeitliche Texte erwärmen – gilt es doch für ausgemacht, daß der altsprachliche Unterricht ganz und gar im Dienste des Altertums, der vor- und nichtchristlichen sei es griechischen, sei es römischen Ursprünge unserer Kultur zu stehen habe. Ich kann hier die Fragwürdigkeit dieses Axioms nicht in extenso erörtern; ich begnüge mich mit einigen kurzen Hinweisen.

E. R. Curtius hat sich in seinem Werk »Europäische Literatur und lateinisches Mittelalter« ausgiebig mit den überlieferten Verzeichnissen musterhafter Autoren befaßt; das von ihm vorgelegte Material reicht von der römischen Kaiserzeit bis zur Gegenwart.[17] Seine Darlegungen lassen sich auf die Formel bringen, daß sich die Tradition bis zum 18. Jahrhundert bei aller Mannigfaltigkeit durch drei Merkmale von dem uns geläufigen Zustande unterschied: 1. Sie pflegte sowohl heidnische als auch christliche Schriftsteller zu berücksichtigen, und zwar ungefähr in gleichen Proportionen; 2. sie blieb stets für Neues offen, d. h. mittelalterliche Verzeichnisse nahmen auch mittelalterliche, neuzeitliche Verzeichnisse auch neuzeitliche Schriftsteller auf; 3. sie kannte keine Rangordnung innerhalb der römischen Autoren, d. h. sie wies den Werken der ciceronisch-augusteischen Klassik keine Sonderstellung zu. Hier hat, wie Curtius mit Recht vermutet, der deutsche Neuhumanismus Epoche gemacht: er reduzierte die Beschäftigung mit lateinischer Literatur auf die Zeit von Plautus bis Tacitus. Das Gymnasium des 19. Jahrhunderts hat diesen Kanon, das Resultat einer gewaltsamen Verkürzung, mit Rücksicht auf die schwindende Stundenzahl des Lateinischen allmählich weiterhin eingeschränkt; was jetzt noch übrig ist, gehört großenteils zum Schwierigsten, Kunstvollsten, der alltäglichen Redeweise am weitesten Entrückten, das je in lateinischer Sprache geschrieben wurde.

Ich halte diesen Zustand, ein Petrefakt des 19. Jahrhunderts, für nicht mehr zeitgemäß. Ein gut Teil der Prämissen, die ihn bedingt haben, ist fortgefallen, manche Perspektive hat sich gewandelt. Der radikale Klassizismus, der die gesamte zwischen Antike und Gegenwart vermittelnde Tradition beseitigt, der das von jeglicher ›fremder‹ Zutat gereinigte Gebäude der ›Antike selbst‹ geschaffen hat – dieser Klassizismus vermag heute nur noch wenige zu faszinieren, und die idealistischen und nationalistischen Antriebe der bisherigen ›Altertumswissenschaft‹ sind ebenso dahin wie die uneingeschränkte Bewunderung des ›Großen‹, des Monumentalen. Überdies haben sich innerhalb der antik-europäischen Vergangenheit die Distanzverhältnisse verschoben: das Paris Ludwigs XIV. und das Weimar Goethes sind näher an das perikleische Athen und an das augusteische Rom herangerückt. Ein Bildungsmonopol des altsprachlichen Unterrichts kommt daher notorisch nicht mehr in Betracht; das Ganze der europäischen Kultur ist jetzt der Fundus, aus dem man Bildung – und zwar wirkliche, zweckfreie Bildung, nicht nur zweckgebundene Abrichtung für angebliche Bedürfnisse der modernen Industriegesellschaft – schöpfen kann. Der altsprachliche Unterricht muß sich dieser neuen Lage anbequemen; er ist ja nicht mehr Zentrum, sondern nur noch Zubehör, kein Ganzes mehr, sondern nur noch ein Teil. Er muß daher im Ganzen aller philologisch-historischen Disziplinen aufzugehen suchen, muß sich zur Geschichte, zu den neueren Philologien hin öffnen. Dieser Forderung kann genügt werden, wenn sich jedenfalls der Lateinunterricht im Prinzip aller in lateinischer Sprache verfaßter Texte annimmt, wenn er die Spätantike, das Mittelalter und die frühe Neuzeit – die Epochen also, in die er sich mit der mittleren und neueren Geschichte sowie mit den neueren Philologien teilt – in seine Kompetenz einbezieht und wenn überdies sowohl der Griechisch- als auch der Lateinunterricht auf die Rezeption der Antike bis zur Gegenwart ein entschiedeneres Augenmerk richten als bisher.

Wie angedeutet, möchte ich bei der von mir geforderten Kompetenzerweiterung zwischen dem Griechischen und dem Lateinischen unterschieden wissen. Dem Griechischen hat der Neuhumanismus überhaupt erst wieder einige Verbreitung verschafft. Und was da verbreitet wurde, trug gewiß in mancher Hinsicht den Stempel idealistisch-klassizistischer Einseitigkeit: man pries Platon und schmähte alles ›Sophistische‹, man zog Aischylos und Sophokles dem ›zersetzenden‹ Euripides vor usw. Gleichwohl: hier stimmt die Begrenzung auf die Zeit von Homer bis Alexander; hier kann und soll man von den nachklassischen Epochen (die hellenistische Philosophie ausgenommen) im wesentlichen absehen – die klassizistische Literatur der Kaiserzeit und zumal die Kultur von Byzanz stehen uns ferner als die gesamte lateinische Tradition des Westens von der Spätantike bis zum europäischen Humanismus. Das Griechische ist seit jeher – seit der alexandrinischen Philologie – das Fach der griechischen Klassik gewesen. Das Lateinische aber, das ich, den gegenwärtigen Symptomen zum Trotz, für den eigentlichen Patienten der altsprachlichen Bildung halte, war seit jeher – seit der Spätantike – das Fach der europäischen Tradition; es hat sich erst im 19. Jahrhundert – aus Eifersucht auf die damals angesehenere und erfolgreichere Schwesterdisziplin – durch die rigorose Beschränkung auf die Zeit von Plautus, ja Cicero bis Tacitus zu einer Art Griechisch in lateinischem Gewande emporstilisiert. Dieser Prozeß muß rückgängig gemacht werden; das Lateinische muß aufhören, das Griechische zu kopieren, muß sich auf seine eigene, seine ihm von der Sache vorgeschriebene Kompetenz besinnen – haben sich doch nicht nur Cicero und Tacitus, sondern auch Augustin, Thomas von Aquin und Erasmus des Lateinischen bedient. Dieser Prozeß der Verengung kann rückgängig gemacht werden, wenn man davon absieht, sich jeweils über Monate und Jahre einem einzigen Autor zu widmen, wenn man statt dessen von der Möglichkeit des Paradigmas, der Auswahl, des Lesebuchs, der thematischen Lektüre Gebrauch macht.

Die Crux der lateinischen Anfangslektüre zeigt besonders eindringlich, daß sich der Lateinunterricht nicht mit den römischen Autoren begnügen sollte; sie zeigt, daß es sich empfiehlt, geeignete Texte aus der Hinterlassenschaft des Mittelalters und zumal der frühen Neuzeit in das Repertoire des Lesenswerten einzubeziehen. Wie dargetan, ließe sich ein derartiges Programm vor dem Forum der Tradition durchaus rechtfertigen: es gäbe dem Lateinunterricht die Bestimmung zurück, die ihm bis zum Beginn des 19. Jahrhunderts stets inhäriert hat – die Instanz der Tradition würde sogar gebieten, daß man die mittel- und neulateinischen Autoren nicht nur als Lückenbüßer für die Anfangslektüre, sondern überhaupt als gleichwertige Gegenstände des Lateinunterrichts anerkennt.

Zum Schluß noch ein Wort, warum dieses alles hier gesagt wurde. Mein Referat ist ja ein Fremdkörper inmitten eines wahren Ozeans von Gelehrsamkeit: es befaßte sich, wie ich schon zu Beginn andeutete, nicht mit den ›Höhen‹ der Wissenschaft, sondern mit den ›Niederungen‹ der Didaktik. Ich meine nämlich – und ich bin sicher, daß nicht wenige unter Ihnen meine Ansicht teilen –, daß die Zukunft unseres Berufes weniger von der Universität als vom Gymnasium abhängt; deshalb schien es mir angebracht, auch in diesem Kreise den Finger auf eine besonders wunde Stelle des derzeitigen gymnasialen Lateinunterrichts zu legen und eine mögliche Remedur vorzuschlagen – eine Remedur, von der ich hoffe, daß sie Ihnen als Kennern des europäischen Humanismus zuallererst einleuchtet. Ich weiß, daß mit ein paar schönen Worten wenig getan ist: allzu starr ist ein gut Teil unserer Kollegen an der Universität und am Gymnasium auf die Altertumswissenschaft des 19. Jahrhunderts, auf die ›Antike an sich‹, auf die aller Vermittlung beraubte Antike fixiert. Ich meine aber doch, daß sich in zähem Bemühen einiges erreichen lassen wird. Wir müssen gewiß zunächst in unserem eigenen Hause, in der Universität, um Verständnis werben: es geht nicht an, daß unsere der nachantiken Latinität geltenden Bemühungen den gleichsam illegitimen Status eines Forscher-Hobbys behalten; wir müssen durchzusetzen suchen, daß der nachantiken Latinität ein angemessener Platz in der Lehre und in den Examina künftiger Altphilologen eingeräumt wird. Doch wichtiger ist wohl, daß wir uns außerhalb unseres Hauses bemühen, daß wir uns mit unseren Kollegen vom Gymnasium an einen Tisch setzen. Sie – die Kollegen vom Gymnasium – werden Tag für Tag von den sattsam bekannten Fragen umbrandet, die auf den Sinn unseres Faches zielen; sie stehen daher nach meiner Erfahrung eher auf dem Boden der Tatsachen als viele unserer Universitätskollegen und verfügen über ein größeres Potential an Aufgeschlossenheit, wenn es gilt, eine neue, zeitgemäßere Form für unsere Studien zu finden. Wir müssen daher bestrebt sein, gerade ihnen durch Kurse und lesbare Abhandlungen die erforderlichen Grundlagen zu vermitteln; wir müssen dafür sorgen, daß es dem Unterricht nicht an den notwendigen Hilfsmitteln fehlt: an Leseheften für die Schüler, an Begleitheften für die Lehrer.

Ich möchte auf gut humanistische Weise mit einem Zitat enden. Das Zitat wendet sich an die Adresse derer, die da fürchten, die Preisgabe der Beschränkung auf die Antike komme einem Verrat an der Antike gleich. Ich meine nämlich, daß jedenfalls für die Beschäftigung mit den Humanisten der frühen Neuzeit das genaue Gegenteil gilt: ihnen war ja die Antike allgegenwärtig; ihre Schriften sind allenthalben von Antike durchtränkt; ihr Streben war ein großer Versuch, die Antike der eigenen Gegenwart nutzbar zu machen. Ich meine daher, daß der Umweg über die Humanisten die Antike ebenso gut, ja besser zu erschließen vermag als der unmittelbare Zugriff. Dasselbe meint auch das von mir bereitgestellte Zitat. Es entstammt der Feder P. van Tieghems; es bezieht sich auf Erasmus und lautet:

»Lui qui se sentait si proche des anciens, et que nous sentons si proche de nous, il remplit mieux que tout autre la mission d'intermédiaire moral entre l'antiquité et le monde moderne« (aaO., S. 202).

Anmerkungen

[1] M. Rousselet, L'enseignement du latin. Paris 1966, S. 83 und 85.

[2] »Die römische Literatur und die Schullektüre«, in: Das humanistische Gymnasium 21, 1910, S. 175.

[3] Platonisches Lehren. Stuttgart 1966, S. 341.

[4] »Die lateinischen Schulautoren«, in: Mitteilungsblatt des deutschen Altphilologenverbandes 12, 1968, S. 7.

[5] Siehe F. A. Eckstein, Lateinischer und griechischer Unterricht. Leipzig 1887, S. 218 f.

[6] »De ratione studii«, in: Opera omnia 1, 2. Amsterdam 1971, S. 115 f., 148.

[7] E. Römisch, »Didaktische Überlegungen zur Caesarlektüre«, in: H. Haffter, E. Römisch, Caesars Commentarii De bello Gallico. Heidelberg 1971, S. 53 ff.

[8] Siehe z. B. M. Krüger, »Die Caesar-Lektüre in der heutigen Schule«, in: Der altsprachliche Unterricht 1, 4, 1952, S. 65 f., 68.

[9] M. Krüger, G. Hornig, Methodik des altsprachlichen Unterrichts. Frankfurt / M. ²1963, S. 63.

[10] »De pueris instituendis«, ed. cit., S. 24, 53, 68 f.

[11] Die folgenden Darlegungen sind einem noch ungedruckten Vortrag »Terenz statt Cäsar als Anfangslektüre« von E. Happ, München, verpflichtet.

[12] Einfache Formen. Tübingen ³1965.

[13] Als rühmliche Ausnahmen seien genannt: F. Dornseiff, Literarische Verwendungen des Beispiels (Vorträge der Bibliothek Warburg 1924/25). Leipzig 1927. O. Weinreich, »Fabel, Aretalogie, Novelle«, in: Sitzungsberichte der Heidelberger Akademie der Wissenschaften. Phil.-hist. Klasse 1930/31, S. 7.

[14] K. Westphalen, »Falsch motiviert«?, in: Der Altspr. Unterricht 14, 5, 1971, S. 16.

[15] Vgl. P. van Tieghem, La littérature latine de la Renaissance. Paris 1944, S. 216.

[16] Das folgende nach A. Bömer, Die lateinischen Schülergespräche der Humanisten, 2 Teile. Berlin 1897–99 (Neudruck 1966).

[17] Bern ²1954, S. 58 ff. (Die Schulautoren), S. 253 ff. (Klassik).

VON DEN URSACHEN DES VERFALLS
DER ALLGEMEINBILDUNG

I.

»Soeben ist ein Büchlein von Alfred Andersch erschienen,«
heißt es in einem Brief, den mein bester Freund kürzlich an
mich gerichtet hat, »das mir nicht behagen will: ›Der Vater
eines Mörders‹, mit dem Untertitel: ›Eine Schulgeschichte‹.
Der Inhalt ist rasch erzählt (ich nehme an, Du hast über Dei-
nen Griechen und Römern noch nicht Zeit gehabt, davon
Kenntnis zu nehmen): der Verfasser gibt vor, eine Griechisch-
stunde zu schildern, die sich im Jahre 1928 im Wittelsbacher
Gymnasium zu München abgespielt habe. Die Hauptfigur ist
der Direktor dieser Schule, der ›Rex‹, wie ihn die Schüler nennen; er heißt Himmler und ist der Vater des späteren Reichs-
führers der SS – so erklärt sich der zunächst befremdliche Titel. Der Rex besucht eines Tages den Griechischunterricht in
einer Untertertia; er nimmt sich dort zwei Schüler vor, um sie
dann beide aus der Schule zu werfen: den einen wegen frecher
Widerreden, den anderen wegen schlechter Leistungen. Der
zweite Schüler – er heißt Franz Kien – ist derjenige, aus dessen Perspektive alles geschildert wird; in einem Nachwort erklärt Andersch, dieser Schüler sei er selber.
   Der Stoff der Stunde – Lautlehre, Akzentlehre und ein
grammatischer Beispielsatz, der so nach sechs Wochen An-
fangsunterricht bestimmt noch nicht dran gewesen ist – wird
vom Autor ganz falsch vorgeführt. Ich meine nicht, daß er die
Schüler Fehler machen läßt (das darf er natürlich) – sondern
er weiß offenbar selber nicht, wovon er redet: ein Buchstaben-
name ist falsch (psi statt zeta), die Übersetzung des Beispiel-

satzes ist falsch und die Akzenttabelle ist falsch, von den unsinnigen grammatischen Begriffen gar nicht zu reden. Offenbar hat Andersch in diesem Punkte auf Richtigkeit keinen Wert gelegt; er wollte wohl nur den Griechischunterricht als albernen Formelkram bloßstellen.

Was wichtiger ist: in dem Ganzen herrscht eine giftig-böse Atmosphäre. Sie geht vom Rex aus, der als rücksichtsloser Despot geschildert wird. Nicht daß er tobte und polterte oder nur barsch und mürrisch wäre – im Gegenteil: er gibt sich im allgemeinen durchaus freundlich und jovial. Aber das ist nur eine Maske, und alles, was er tut, ist eitel Heuchelei; unversehens läßt er die Maske fallen, und dann zeigt er sein wahres Wesen, er ist tückisch und hinterhältig und wie ein Jäger auf der Pirsch, da er ja Schüler ›abschießen‹ will. Mich hat diese in gütige Väterlichkeit verpackte Niedertracht richtig ein bißchen an die Art erinnert, wie Tacitus den Kaiser Tiberius darstellt – da gilt ja auch alles Richtige und Sachgemäße, was der Kaiser tut, als Heuchelei, und nur in seinen Fehlern zeigt er, wie er wirklich ist, und die ganze Atmosphäre im Kaiserpalast mit all den Kriechern und Halunken ist giftig-böse.

Daß der Verfasser eine Attacke gegen die humanistische Bildung reiten will, ist wohl sicher. Himmler senior wird als ›alte, abgespielte und verkratzte Sokrates-Platte‹ charakterisiert; er sei ein Dreckskerl, heißt es, dieser Sokrates-Verehrer, ein Schweinehund. Gewiß gehören diese wenig schmeichelhaften Kennzeichnungen zur Perspektive des Schülers Kien; sie werden indes vom Nachwort, worin der Verfasser selbst zum Leser spricht, bestätigt. Dort ist von ›abgestandenen Sokrates- und Sophokles-Tiraden‹ des Oberstudiendirektors die Rede; die deutsche Schule im allgemeinen gilt dem Verfasser als ›autoritär‹, und eine kirchliche Schule in Bayern heißt bei ihm eo ipso ›Kaderschule des Ultramontanismus‹. Himmler junior sei, stellt Andersch fest, ›in einer Familie aus altem, humanistisch fein gebildetem Bürgertum‹ aufgewachsen. Wenn er dann fortfährt: ›Schützt Humanismus denn vor gar nichts? Die Frage ist geeignet, einen in Verzweiflung zu stürzen‹, dann wage ich, an der Aufrichtigkeit dieser Verzweiflung zu zweifeln – in Wahrheit hat Andersch über die gesamte deutsche Bildungstradition längst den Stab gebrochen.

Wenn ich Schriftsteller wäre wie Andersch«, fährt mein Freund in seinem Briefe fort, »ich würde eine Art Gegendarstellung verfassen: eine Schilderung, wie es während unserer Schulzeit im Dritten Reich auf unserem Leopoldinum in Detmold zugegangen ist. Unser Direx, der dicke Kunze, gäbe ja eine ganz andere Figur ab als der schreckliche Rex von München: wabbelig, rührselig und ängstlich auf die Einhaltung aller Verwaltungsvorschriften bedacht – und nur ein gewöhnlicher Pe-Ge, der sich vor seinem Hausmeister, dem Ortsgruppenleiter, fürchtete. Erst später haben wir begriffen, daß diese von uns viel vorspottete Verkehrung der Rangstufen – genauer: dieses Widerspiel von Verwaltungsaufbau und Parteihierarchie – ein Abbild des ganzen Hitler-Staates war.

Und wie würde ich unseren Klassenlehrer Rasting auftreten lassen, nachdem er zum Gauredner avanciert war und nun den Geschichts- und Lateinunterricht dazu benutzte, seine neuesten Propagandaphrasen an uns auszuprobieren. Der Höhepunkt wäre natürlich die Szene mit der ›Bausteine-A.G.‹: wie Rasting sich immer mehr in die Schriftenreihe hineinsteigerte, die er herausgab – ›Bausteine nationalpolitischer Schulung‹ –, und wir, seines Redeschwalls überdrüssig, eines Tages unser Klassenschild ›O I A‹ durch ›Bausteine-A.G.‹ ersetzten. Ich sehe ihn heute noch vor mir, wie er, krebsrot angelaufen, ins Klassenzimmer stampfte und etwas von ›unreifen Knaben‹ ächzte – der Arme, er hatte ja Spießruten laufen müssen, denn viele seiner Kollegen hatten das Schild vor ihm bemerkt und sich vor unserer Klasse zu einer heiteren Runde versammelt.

So gab es doch an unserem Gymnasium selbst 1942, in der schlimmsten Zeit der Hitler-Tyrannei, noch winzige Spielräume geistiger Freiheit. Die Palette der Haltungen und Gesinnungen war eben in unserer Kleinstadt sehr vielfältig, unter den Lehrern wie unter uns Schülern, und alles war miteinander verflochten und suchte sich gegenseitig zu dämpfen. Eine Szene à la Andersch habe ich damals auch erlebt, nur daß sie anders endete: Du erinnerst Dich wohl, daß Rasting, der mich offenbar politisch durchschaut hatte und mich haßte, weil ich ihm seine dicken historischen Schnitzer nicht durchgehen ließ – daß Rasting mich feuern wollte. Er scheiterte am dicken Kunze, der in seinen Paragraphen – obwohl ich nicht einmal der HJ angehörte – keine Handhabe gegen mich finden konnte. Kurz und gut, ich habe auch – wie Andersch – unter der schlimmen Zeit gelitten und bin wohl für mein Leben durch sie gezeichnet, aber so, wie Andersch uns glauben machen will, war es nicht *nur*, nicht *immer*, nicht *überall* in Deutschland, und unser Leopoldinum war nicht einfach eine ›Untertanenfabrik‹.

Natürlich würde ich mich auch mit den Inhalten des Unterrichts befassen – dann stünde erst rundherum Aussage gegen Aussage und Zeugnis gegen Zeugnis! Latein habe ich allerdings nicht gemocht. Das lag an Rasting, das lag aber auch an den ewigen Kriegen und Schlachten. Was haben wir eigentlich gelesen – Livius, Vergil, Tacitus? Ich sehe in meiner Erinnerung nur noch Leichenhaufen, und die Morgenzeitung brachte zu diesen Texten den Kommentar: »...starb den Heldentod. In stolzer Trauer...« Aber Griechisch hatten wir alle gern, und Beta, den buckligen Zwerg mit den ebenso durchdringenden wie gütigen Augen, den haben wir doch wirklich geliebt. Man mußte viele Vokabeln lernen, und die Verben auf -mi hatten's in sich, aber die Sprache lief heiter und ungezwungen dahin – das war doch ganz etwas anderes als das Latein mit den Panzerplatten seiner Konstruktionen.

Ich will jetzt nicht von Herodot anfangen und von Platon, den wir nicht als Produzenten abgestandener Tiraden erlebt haben, und auch nicht von Sappho und Sophokles: ich könnte Seiten füllen, wenn ich allein meine Erinnerungen an Homer auspacken wollte. Wie nahe sich dort alles war: Götter, Könige und Bettler! Sie duzten sich und gingen doch ungemein höflich miteinander um – daß man sich so ruhig und feierlich auch ganz schön Grobheiten ins Gesicht sagen kann, imponierte mir sehr. Der göttliche Sauhirt Eumaios – haha, ein Sauhirt soll göttlich sein, dachten wir zuerst, aber dann, je weiter wir im 14. Buch der *Odyssee* vordrangen, desto mehr dämmerte uns, daß es mit der ›Göttlichkeit‹ dieses treuen, charakterfesten Mannes etwas auf sich hatte. Wenn man mich fragte, was mir denn von den vielen Tausenden sechsfüßig einherrollender Hexameter am lebhaftesten in Erinnerung geblieben sei, dann würde ich wohl keine bestimmte Szene namhaft machen, sondern eher einen allgemeinen Eindruck; daß alles so viel Glanz und Würde hatte, die Götter, die Menschen und selbst die Dinge.

Jetzt möchte ich noch« – und hiermit beschließt mein Freund seinen Brief – »ein paar Fragen an Dich richten, die Du, der Grieche und Lateiner, mir gewiß am ehesten beantworten kannst. Ich habe Dir ganz verschiedene Erlebnisweisen vorzuführen versucht, zwei stark voneinander abweichende Perspektiven auf das humanistische Gymnasium, die von Andersch und meine eigene. Warum – so lautet meine erste Frage – hat sich in der öffentlichen Diskussion eigentlich nur die Sichtweise von Andersch durchgesetzt; warum hat meine eigene, die doch gewiß von manchem geteilt wird und genauso das Siegel der Wahrheit für sich beanspruchen kann, kaum Befürworter gefunden? Man hört nur immer wieder sagen, das humanistische Gymnasium habe vor Hitler kläglich kapituliert, wie das gesamte Bildungsbürgertum, dessen

Einrichtung es war, und so sei es nur recht, daß das eine wie das andere verschwinde und praktisch schon verschwunden sei.

Ich bekenne frei, daß mir diese rigorose Betrachtungsweise wenig behagt. Damals, unter Hitler, habe ich mir – wie mein Elternhaus und meine nächste Umgebung – die künftige Entwicklung anders vorgestellt. Wir sprachen vom ›anderen Deutschland‹, das dann wiederkehren müsse: nach Hitler, so hofften wir, werde eine innere Reinigung stattfinden, ein Ausstoßen alles Bösen und ein Anknüpfen an unsere guten Traditionen in der Aufklärung und der Klassik. Ich selber geriet damals an Schillers Studie über die Gesetzgebung Lykurgs und Solons, und ich bezog alle die vernichtenden Urteile, die Schiller dort über die unmenschliche Staatsmaschine der Spartaner ausspricht, auf das gegenwärtige, das vom Hitler-Terror geschändete Deutschland, und alles, was er über die Größe der solonischen Gesetze sagt, auf den künftigen deutschen Staat, den wir dann einzurichten hätten. Ich wäre ungerecht, wenn ich behaupten wollte, die Entwicklung, die tatsächlich eingetreten ist, sei gänzlich anders verlaufen, als ich gehofft hatte. Doch was unsere Bildungstradition angeht, so bin ich enttäuscht: hier scheinen sich starke Kräfte in unserer Gesellschaft intensiv zu bemühen, das Kind mit dem Bade auszuschütten, d. h. man will nunmehr, nach dem angeblichen Versagen unter Hitler, von nahezu allem, was seit dem 18. Jahrhundert in Deutschland gedacht und gedichtet worden ist, nichts mehr wissen; man ist auf dem besten Wege, die gesamte nationale Tradition preiszugeben. Wie erklärt sich dieser Bruch, der sich da, von Jahr zu Jahr breiter und tiefer werdend, vor uns auftut, der die Älteren unter uns immer schroffer von der jüngeren Generation trennt?

Denn das ist die zweite Frage, auf die ich gern eine Antwort wüßte: mit der humanistischen Bildung, der gemeinsamen Basis von Andersch und mir, ist es doch offenbar vorbei, selbst wenn es hier und dort noch Gymnasien geben mag, die nach wie vor den alten Kanon von Unterrichtsstoffen pflegen – sind die Zöglinge dieser Schulen nicht beinahe schon bemitleidenswerte Sektierer? Schlimmer noch (wenn man den Zeitungen glauben darf, die jetzt voll sind von diesen Problemen): es scheint nichts Neues an die Stelle des Alten getreten zu sein; mit der humanistischen Bildung ist offenbar die Bildung überhaupt, die Geistesbildung, die Allgemeinbildung, dahin. Die Kenntnisse unserer jungen Leute seien miserabel, zumal in Geschichte, in den Fremdsprachen, in der Literatur, so lauten die ständig wiederkehrenden Klagen; man will sogar festgestellt haben, daß ein Teil der jetzt Studierenden nicht einmal die Rechtschreibung und Grammatik des Deutschen sicher beherrsche – das kann, wie ich als Jurist bemerken möchte, für Justiz und Verwaltung schlimme Folgen haben. Was meinst Du: treffen diese Berichte zu, und wenn ja, wie soll es weitergehen? Will man fortfahren, die Allgemeinbildung, d. h. alles, was Selbstzweck ist und die Menschen jenseits ihrer Berufe miteinander verbindet, zu zerstören, sie den Mitteln, dem Spezialistentum, dem für eine bestimmte Karriere Nützlichen zu opfern?

Ein letzter Punkt: wie sieht es bei unseren europäischen Nachbarn aus, ist man dort ebenso darauf versessen wie wir, die Elle des – wie man als Humanist sagen würde – Banausentums zum alleinigen Maßstab für Fragen der Jugendbildung zu machen? Denn es geht ja wohl bei alledem, was man jetzt in Deutschland so beflissen über Bord wirft, keineswegs nur um unsere eigene deutsche, sondern zugleich auch um die gesamte europäische Tradition? Wie, wenn wir dann abermals zur ›verspäteten Nation‹ würden, abermals Grund zu haben glaubten, voller Ressentiments nach Westen zu blicken?«

II.

Dieser Brief enthält Gedanken und Befürchtungen, die jetzt
weit verbreitet sind: jetzt, da die Folgen des kühnen Neuerns
in unserm Bildungswesen immer deutlicher zutage treten.
Wer nun versuchen will, die schwierigen Fragen, die in dem
Brief gestellt werden, zu beantworten, der muß sich zunächst
vergewissern, worum es denn überhaupt geht – es gilt also an
erster Stelle zu bestimmen, was Allgemeinbildung ist, deren
einstweilen letzte Form das humanistische Gymnasium humboldtscher Prägung vermittelt hat. Der zweite Schritt bereitet
dann wohl keine große Mühe: die Frage, ob in Deutschland
gegenwärtig eine Allgemeinbildung existiere, die diesen Namen verdient, läßt sich sofort negativ beantworten. Um so
heikler ist dann allerdings der dritte Schritt, die Untersuchung des Problems, wodurch der Bildungsschwund verursacht sei; in diesem Zusammenhang kann auch die Perspektive der Erzählung von Andersch den ihr gebührenden Platz
finden.

Allgemeinbildung: dieser Begriff setzt voraus, daß es auch
Spezialbildung gibt, die Bildung, die zu bestimmten Berufen
befähigt. Er verweist auf ein zweistufiges Bildungswesen, wie
es jetzt noch – jedenfalls äußerlich – in der Abfolge Gymnasium – Universität präsent ist. Seit wann gibt es diese beiden
Stufen, wie sind sie entstanden? Ein erster, der bis zur Aufklärung maßgebliche Inbegriff von Allgemeinbildung reicht bis
in die Antike zurück: die *artes liberales*, die sieben ›freien
Künste‹ Grammatik, Logik, Rhetorik, Geometrie, Arithmetik,
Astronomie und Musik. Sie bildeten lange Zeit, von der Spätantike bis ins hohe Mittelalter, den Sockel für ein einziges
Studium, für die Theologie, und aus beidem ergab sich ein
universales Ganzes, auf das sich die Begriffe Allgemein- und
Spezialbildung noch nicht anwenden lassen. Das änderte sich

im hohen Mittelalter, als die Universitäten entstanden, als dort neben dem theologischen das juristische und das medizinische Studium aufkamen. Die von den sogenannten Artisten, den Lehrern der *artes liberales,* vermittelten Kenntnisse waren nunmehr der gemeinsame Sockel mehrerer, in sich grundverschiedener Studiengänge und Berufe; von jetzt an kann man eine Allgemeinbildung und mehrere Möglichkeiten der Berufs- oder Fachbildung voneinander unterscheiden.

Das Gymnasium war die Nachfolgerin der Artistenfakultät: es vermittelte die Kenntnisse, deren man für alle an der Universität möglichen Studiengänge bedurfte. Die Inhalte wandelten sich: an die Stelle der *artes liberales* trat im 18. und frühen 19. Jahrhundert der den Älteren unter uns noch geläufige Fächerkanon des humanistischen Gymnasiums. Die alten Sprachen standen im Mittelpunkt; sie beanspruchten etwa die Hälfte aller Stunden, und in die andere Hälfte mußten sich alle übrigen Fächer – die Mathematik, Deutsch, Geschichte und die neueren Fremdsprachen – teilen. Das Ganze spielte sich innerhalb eines scharf konturierten weltanschaulichen Horizonts ab, mit dem Geist der Aufklärung und der Goethezeit als den bestimmenden Größen – wozu sich freilich im Verlauf des 19. Jahrhunderts mehr und mehr auch nationale Ideen als formende Kräfte gesellten. Von besonderem Gewicht für die Allgemeinbildung war der sogenannte Historismus, die Verfügbarmachung der gesamten antik-europäischen, ja menschheitlichen Vergangenheit durch eine einfühlend-verstehende Hermeneutik: das Bürgertum umgab sich wie in der sichtbaren Wirklichkeit, wo die großen Baustile wiederbelebt wurden und allenthalben Neoromanik, Neogotik usw. entstand, so auch in den Bücherschränken und Köpfen mit einem Panorama des Schönsten und Bedeutendsten aus allen Zeiten.

Dieses Gymnasium, ein Stück bürgerlicher Teilhabe an der gesamten älteren Kultur, war eine spezifisch mittelständische

Einrichtung, keine geschlossene, sondern eine offene, auf dem Prinzip der Leistung beruhende Bildungsstätte – allerdings hatte bei gleicher Begabung der durch sein mittelständisches Milieu Begünstigte bessere Chancen als das Arbeiter- oder Kleinbürgerkind. Denn Elternhaus und Schule arbeiteten Hand in Hand, wobei das Elternhaus mehr für den weltanschaulichen Horizont, die Schule mehr für den systematischen Aufbau von Kenntnissen einstand. Aus dem Zusammenwirken der beiden Instanzen ging das sogenannte Bildungsbürgertum hervor – eine jetzt oft geringschätzig verwendete Bezeichnung, welche gleichwohl auf die gemeinsame Grundlage all derer verweist, die akademische Berufe ausübten; die Angehörigen dieser Schicht verfügten nämlich in den Bereichen Religion, Geschichte, Literatur und Kunst sowie vor allem durch ihre Kenntnis der Antike über Medien der Kommunikation, die vom jeweils ausgeübten Beruf gänzlich unabhängig waren. Der humanistische Prägestock hat bis in die Mitte des 20. Jahrhunderts das gesamte Bürgertum Europas geformt: Engländer, Franzosen und Deutsche, Konservative, Liberale und Sozialisten, Pfarrer, Ärzte und Ingenieure. Walter Jens schreibt über diese oft unterschätzte kommunikative Funktion der einstigen Allgemeinbildung (nachdem er aus Briefen von Karl Marx und Karl Liebknecht, Bekenntnissen zum bürgerlichen Humanismus, zitiert hat): »Ein scheinbar befremdlicher, in Wahrheit plausibler Gedanke: das Pantheon des 19. Jahrhunderts, bevölkert von Männern, zwischen denen es im Raum der Politik keine Gemeinsamkeit gab, ... deren Lehren sich diametral unterschieden, und alle hatten genau die gleiche Bildung genossen, alle die gleichen Texte gelesen: das gab ihnen die Möglichkeit, sich einander noch in schroffster Gegnerschaft auf gemeinsamer Basis verständlich zu machen.«

Hierum geht es also in dem Briefe, der soeben verlesen

wurde: um die einstweilen letzte Ausprägung einer Jahrtausende alten Bildungstradition, um das humanistische Gymnasium von der deutschen Klassik bis zum Untergang des Hitlerreiches. Dieses Gymnasium, seine Idee, seine beherrschende Mitte, die auf den alten Sprachen beruhende Allgemeinbildung (hier gibt es, wie schon angedeutet, keine ernstlichen Meinungsverschiedenheiten) – dieses bürgerliche Gymnasium ist tot.

Man betrachte die Institution selber: an die Stelle einer beherrschenden Mitte, eines Zentrums und einer Peripherie ist ein Haufen nahezu gleichberechtigter Fächer getreten, die die Schüler wählen oder ›abwählen‹ können und die kaum noch etwas miteinander verbindet, es sei denn die Zugehörigkeit zum Stundenplan. Nach außen hin, im Verhältnis zur nächst verwandten Schulgattung, zur Realschule, hat das Gymnasium das eigene Profil verloren: wenn man von Griechisch absieht, das gerade noch von einem Prozent der etwa zwei Millionen bundesrepublikanischen Gymnasiasten gelernt wird, so bleibt Latein als das einzige Fach, das man nicht genausogut auf der Realschule betreiben kann wie auf dem Gymnasium (wo es noch von ungefähr jedem zweiten Gymnasiasten tatsächlich betrieben wird).

Man betrachte weiterhin die Zöglinge dieser Institution, die mit dem Gymnasium von einst kaum mehr gemein hat als den Namen: mit dem Aufeinander-Abgestimmtsein von Elternhaus und Schule ist es fast überall vorbei, so daß die kulturellen Gehalte, welche die Schule – wenn auch fragmentarisch – noch stets vermittelt, resonanzlos bleiben, und das Kurssystem der Oberstufe zeitigt Abiturienten mit hervorragenden Abschlußzeugnissen, die, obwohl sie Literaturwissenschaft studieren wollen, noch nie etwas vom *Hamlet* gehört haben, die, obwohl sie aus Wolfenbüttel stammen, die Frage nach einem deutschen Dichter, der dort gewirkt habe, mit Luther beantworten, die, obwohl sie das Jurastudium zu betreiben versuchen, im Bibliothekskatalog das Stichwort »Entscheidungen des Bundesgerichtshofs« nicht finden können, weil sie glauben, das Wort ›Entscheidung‹ beginne mit den Buchstaben END – um nur einige Beispiele zu nennen, die dem Vortragenden in jüngster Zeit begegnet sind.

Man betrachte schließlich das Pendant des Gymnasiums, die Philosophische Fakultät der Universität: man begegnet dort demselben Verlust des kulturellen Horizonts, der kulturellen Identität wie am Gymnasium. Die Instanzen, die einst integrierend wirkten, sind verschwunden: die Festakte und Feierlichkeiten gehören ebenso der Vergangenheit an wie die orientierenden Ringvorlesungen, die unter Bezeichnungen wie Studium generale oder Dies academicus angeboten wurden, und ebenso wie die überragenden, von Studierenden verschiedenster Disziplinen besuchten Lehrerpersönlichkeiten, so daß die heutige Universität nichts anderes mehr vorzustellen scheint als ein zufallsbedingtes Konglomerat von Fachhochschulen. Folgerichtig sind die einst allgemeinbildenden Disziplinen der Philosophischen Fakultät, die zuallererst das Ganze der Civitas academica zu repräsentieren pflegten, selbst zu Spezialdisziplinen geworden. Sie zeigen jetzt eine starke Neigung, Allgemeinverständlichkeit für unwissenschaftlich zu halten; sie haben sich oft durch ein großes Aufgebot an neuen Termini, durch Theorielastigkeit und unentwegtes Experimentieren mit abstrakten Modellen, kurz durch Esoterik ihrer bisherigen Eignung für Kommunikation und Integration begeben. So vor allem die sprach-, die literatur- und die kunstwissenschaftlichen Fächer; am ehesten haben sich vielleicht die Geschichte und die Altphilologie wenn nicht von der Spezialisierung, so doch vom spezialistischen Jargon freizuhalten vermocht. Aber denen ergeht es nicht anders als den Resten des humanistischen Gymnasiums: sie repräsentieren das Allgemeine von ehedem und sind doch in unserer jetzigen Gesellschaft von Spezialisten nichts als eine Spezialität, weil ja das Allgemeine nur dann allgemein ist, wenn es von der Allgemeinheit als das Allgemeine anerkannt wird.

Nun zum dritten Punkt, zu den Ursachen des Verfalls der Allgemeinbildung, zu den Gründen der Tatsache, daß deutsche Studenten heutzutage mit einem je verschieden zusammengesetzten Flickenteppich von Kenntnissen und Einsichten die Universität zu betreten pflegen. Hierfür ist gewiß auch die Hitlerkatastrophe, der durch sie bedingte geistige Kollaps großer Teile des deutschen Volkes verantwortlich, aber nicht als einzige, nicht einmal als wichtigste Ursache. Vielmehr ergibt sich, wenn man die Entwicklung vom Jahre 1945 bis heute stichwortartig zusammenfaßt, etwa folgendes Bild:

Zunächst, unmittelbar nach dem Untergang Hitler-Deutschlands, änderte sich an den vom bürgerlichen Zeitalter geprägten Bildungseinrichtungen, am Gymnasium und an der Universität, so gut wie nichts: man beseitigte die Phantasmagorien der nationalsozialistischen Ideologie und knüpfte im übrigen – im doppelten, im politischen wie im geistigen Sinne – an die Weimarer Tradition an. Die fünfziger Jahre standen im Zeichen einer tüchtigen, aber allzu biederen Wiederherstellung, und eine Zeitlang schien es, als könne alles beim Alten bleiben, da sich die Gesellschaft und die Bildungsinstitutionen wie eh und je in schönster Übereinstimmung befänden.

In Wahrheit entfernte sich der praktische Materialismus der weithin ahistorischen deutschen Nachkriegsmentalität immer weiter von den Traditionen des bürgerlichen Zeitalters. Es war begreiflich, daß man sich während der Daseinsnöte der Wiederaufbauzeit auf das Notwendige und Nützliche beschränkte. Das ursprüngliche Mittel wurde dann freilich mehr und mehr zum Selbstzweck, d. h. der Wiederaufbau führte zum ›Wirtschaftswunder‹ und das Wirtschaftswunder zum ›Wirtschaftsgiganten‹, wobei man immer einseitiger jenem Eskapismus in wirtschaftliche Leistungen und materiellen Komfort verfiel, den Herbert Marcuse durch die faszinierende Formel vom ›eindimensionalen Menschen‹ charakterisiert hat.

Ab 1964/65 wurde offenbar, daß die überkommenen Institutionen und die deutsche Gesellschaft nicht mehr übereinstimmten, und so vollzog sich damals der sogenannte Durchbruch des gesellschaftspolitischen Denkens, d. h. das praktische Verhalten der neuen Gesellschaft erhielt eine hierzu passende Theorie. Dieser Durchbruch bekundete sich zunächst in Veröffentlichungen wie »Die deutsche Bildungskatastrophe« (von Picht, 1964) oder »Bildung ist Bürgerrecht« (von Dahrendorf, 1965) und sodann in offiziellen Dokumenten, zumal im »Strukturplan für das Bildungswesen« (1970) und im »Bildungsgesamtplan« (1973). Der Durchbruch bestand in einer radikalen Abkehr von der Bildungstradition, die durch die deutsche Klassik begründet worden war: an die Stelle von Kategorien wie Person, Geist, Idee und Kultur traten mit rigoroser Einseitigkeit die Kategorien Gesellschaft, Einkommen und soziale Gerechtigkeit. Bildung wurde demnach nicht mehr als Prozeß verstanden, der das Individuum zu Selbständigkeit und Freiheit, zur Teilhabe am Kulturganzen und zu geistigen Genüssen befähigen sollte: sie erschien nur noch als gesamtökonomischer Produktionsfaktor sowie als individueller Sozialfaktor, d. h. als die für die künftigen Konsummöglichkeiten und für den künftigen sozialen Status maßgebliche Instanz.

Dem Klima dieses gesellschaftspolitischen Denkens ist die einschneidendste Veränderung verpflichtet, die seit der Goethezeit im deutschen Schulwesen stattgefunden hat: das Kurssystem der gymnasialen Oberstufe. Mit ihm sagte sich das deutsche Gymnasium energisch vom altüberlieferten Konzept der Allgemeinbildung los, um sich statt dessen zwei neuen Prinzipien zu verschreiben: der Rücksicht auf individuelle Neigungen und der Vorbereitung auf den künftigen Beruf – Prinzipien also, die offensichtlich dem Utilitarismus einer weithin traditionslosen oder richtiger traditionsvergessenen Gesellschaft angemessen sind. Das Koordinatensystem von Beruf, Erfolg und Geldverdienen, dem bislang zumal durch die Realschule Genüge geschah, hat hiermit auch das Gymnasium, die einstige Stätte der Allgemeinbildung, erfaßt.

Diese Entwicklung ist weder ein Zufall noch die Folge willkürlicher Eingriffe. Sie bestätigt vielmehr, daß die Schicht, die das alte Gymnasium getragen hatte, der gehobene bürgerliche Mittelstand, der Vergangenheit angehört. Um das zu begreifen, braucht man sich nur zu vergegenwärtigen, wie sehr sich das gesellschaftliche Spektrum Deutschlands in den letzten fünfzig Jahren gewandelt hat. Unsere Unterschicht ist importiert; sie besteht aus den sogenannten Gastarbeitern. Oberhalb davon hat ein enormer Einebnungsprozeß stattgefunden: das Bürgertum stieg ab, das Kleinbürgertum und die Arbeiterschaft stiegen auf; Industrie, Technik und Verkehrswesen schufen eine Stadt und Land gleichermaßen durchdringende Einheitlichkeit, und fast überall gilt der regelmäßige Rhythmus von Arbeit und Freizeit, ablesbar an den ebenso regelmäßig zwischen Arbeitsplatz und Wohnung hin und her strömenden Automobilkolonnen.

Diese Gesellschaft kennt eigentlich nur noch individuelle Unterschiede, wie sie im Vielerlei der Berufe und Freizeitbeschäftigungen zutage treten; sie kennt indes kaum noch so etwas wie eine Mehrzahl in sich homogener und voneinander abgrenzbarer Schichten. Ihr scheint somit das Kurssystem mit seinen Prinzipien Individualität und Beruf geradezu auf den Leib geschneidert zu sein. Hier zeigen sich die wahren Ursachen des gegenwärtigen Verfalls der Allgemeinbildung: es gibt nur noch Einheitlichkeit mit individuellen Nuancen, es gibt jedoch nichts Allgemeines mehr, das für bestimmte Schichten verbindlich wäre. Die Hitlerkatastrophe mag die Tendenz zu einseitig wirtschaftlichem Denken beschleunigt und verstärkt haben; im ganzen wäre die hier skizzierte Entwicklung wohl auch ohne sie eingetreten. Die Kritik einzelner enttäuschter Intellektueller endlich – wie die eines Andersch – ist schwerlich mehr als die Schaumkrone auf einer sich brechenden Woge.

III.

»Du wunderst Dich«, so etwa gedenke ich meinem Freunde zu antworten, »daß sich bei der Beurteilung des humanistischen Gymnasiums eigentlich nur die negative Sichtweise eines Andersch durchgesetzt hat. Du wunderst Dich mit Recht, wie mir scheint, da ja nicht nur ein Himmler, sondern auch mancher Gegner des NS-Regimes aus diesem Milieu hervorgegangen ist. Man darf eben Intellekt und Moral nicht in einen Topf werfen: das humanistische Gymnasium schulte zuallererst den Intellekt, und es ist nicht schon dadurch widerlegt, daß einige oder viele einen unrechten Gebrauch davon gemacht haben. Schließlich benötigt jede Nation eine führende Schicht, die moralische Integrität mit hoher Intelligenz verbindet, und anspruchsvolle Schulen fördern unmittelbar nur das zweite Ziel. Daß sich bei uns so naheliegende Überlegungen so selten hervorwagen, ist wohl ein Schlagschatten der Hitlerzeit: gerade die konservativen Kräfte haben sich durch ihre deutschnationale oder gar nationalsozialistische Einstellung kompromittiert; da sie beschämt schweigen, fehlt es an ausgleichenden Stimmen.

Was Deine Frage nach dem Verfall der Allgemeinbildung betrifft, so muß ich die teils erheiternden, teils nachdenklich stimmenden Zeitungsberichte über die mangelnden Kenntnisse eines großen Teils unserer Studenten bestätigen. Die Gründe suche ich zunächst beim Gymnasium selbst, bei den immer weiter fortschreitenden Verzweigungen und Verästelungen, die den Bereich des Allgemeinen, des für alle Gymnasiasten Verbindlichen immer mehr verkleinerten. Diese Entwicklung hat mit der Oberstufenreform einen schwerlich noch überbietbaren Höhepunkt erreicht. Als tiefere Ursache aber muß man, scheint mir, gewisse Veränderungen der deutschen Nachkriegsgesellschaft namhaft machen: die überkommenen Unterschiede wurden weitgehend nivelliert, und die von Hause aus kleinbürgerlichen Prinzipien des Nutzens und des beruflichen Fortkommens vermochten sich allgemein als die Leitgedanken der Jugendbildung durchzusetzen.

Hiermit ist nicht gesagt, daß diejenigen, die sich noch den Bildungskanon des bürgerlichen Zeitalters anzueignen versuchen, sonderbare Sektierer seien. Sie haben im Warenhaus der vielfältigen Angebote *ihre* Wahl getroffen, eine Wahl, die sie in ihrem beruflichen Fortkommen gewiß nicht behindern wird (das der Allgemeinbildung abträgliche Utilitätsdenken ist ja falsch und engstirnig) und die ihnen außerdem möglicherweise in späteren Tagen manchen Genuß verschafft – Dir ist gewiß bekannt, wie gern mancher ›Humanist‹ an seinem Lebensabend zu seinen Klassikern zurückkehrt. Und wer weiß, ob nicht – wie schon manches Mal in der europäischen Geistesgeschichte – aus den Überresten der humanistischen Tradition ein neuer Bildungskanon hervorgeht?

Denn hierüber können wir uns gewiß leicht verständigen: so, wie es jetzt ist (und der jetzige Zustand unseres Bildungswesens wirkt sich erst in dreißig bis vierzig Jahren voll aus), kann es nicht bleiben. Eine Gesellschaft ohne Mittelstand und ohne Elite, wie sie den Schöpfern der Bildungsreform vorgeschwebt zu haben scheint, wäre ohne historisches Beispiel, jedenfalls als freie Gesellschaft (während totalitäre Systeme wenn nicht ohne eine privilegierte Oberschicht, so doch ohne Mittelstand auskommen). Die deutschen Bildungseinrichtungen waren – so paradox diese Behauptung zunächst klingen mag – seit jeher verhältnismäßig egalitär: ein Abitur galt wie das andere, und jede Universität war gleich zugänglich; die Eliteschulen und Elitehochschulen, wie sie in den Vereinigten Staaten, in England, in Frankreich usw. existieren, sind hierzulande unbekannt. Man hätte demnach, als man das Gymnasium und die Universität für breite Schichten öffnete, um des Staatsganzen willen auf die Belange einer durchaus noch existierenden mittelständischen Minderheit und auf die Hochbegabten Rücksicht nehmen sollen, oder besser (es ist ja vielleicht noch nicht zu spät): man sollte Rücksicht darauf nehmen – durch Schulen, die eine anspruchsvolle Allgemeinbildung pflegen und hierdurch weniger die Interessen des Einzelnen als ein gewisses Verantwortungsgefühl für das Ganze zu fördern suchen.

Ich habe schon begonnen, Deine letzte Frage, die nach der europäischen Perspektive, zu beantworten. Hierzu noch eine abschließende Bemerkung. Ankläger wie Andersch scheinen mir die Kontrafaktur, ja geradezu der Abklatsch eines beschränkten nationalen Denkens zu sein: sie sind wie der Gegenstand ihrer Anklage noch stets auf den nationalen Rahmen fixiert. Dabei ist Hitler wahrlich nicht nur ein deutsches, sondern auch ein europäisches Unglück gewesen. Man denke nur an die Gründe, die England und Frankreich in den Zweiten Weltkrieg führten, und an das traurige Resultat eines zu einem Drittel unfreien Europas. Andererseits: Hitler und seine Gefolgschaft sind immerhin gescheitert; zwei Drittel Europas haben sich der Bedrohung durch den Totalitarismus zu erwehren vermocht. Diese Überlegung führt unmittelbar zur Bildungsproblematik. Denn woher haben wir Europäer die Kraft genommen, uns von Hitler zu befreien, und woher nehmen wir weiterhin und für allezeit das Recht, frei sein zu wollen und die Freiheit als höchsten Wert zu betrachten, wenn nicht aus unserer Überlieferung? Doch was wird aus dieser Überlieferung, wenn wir sie nicht als verpflichtendes Erbe an unsere Kinder weitergeben? Jeder Osteuropäer, der im Kampf um die Bürgerfreiheit sein Lebensglück und seine Gesundheit aufs Spiel setzt, gäbe auf die Frage ›Wozu Allgemeinbildung?‹ – auf eine Frage, mit der offenbar hierzulande viele Ältere und viele Jüngere nichts anzufangen wissen – gewiß die Antwort: um der Freiheit willen.«

DER NEUE KANON
LATEINISCHER AUTOREN

Traditionsverluste
im neuhumanistischen Gymnasium

I.

Das neuhumanistische Gymnasium, eine Schöpfung der Goethezeit und bis zum Beginn des 20. Jahrhunderts alleinige
Pflanzstätte künftiger Akademiker, hat den Unterricht in beiden alten Sprachen, im Lateinischen wie im Griechischen, in
den Mittelpunkt seiner erzieherischen Bemühungen gestellt:
die beiden Fächer beanspruchten etwa die Hälfte der gesamten
Stundentafel, wobei Latein in quantitativer Hinsicht etwas
günstiger situiert war, während vom Griechischen der größere
ideelle Gewinn erwartet wurde. Die folgende Skizze befaßt
sich gleichwohl nur mit der lateinischen Literatur, mit dem
Kanon von Autoren, der für den lateinischen Lektüreunterricht maßgeblich war. Gerade hier läßt sich anschaulich machen, wie bestimmte Zeitströmungen, insbesondere die den
Barock ablösende weltliche und antikem klassischen Maß zugewandte Gesinnung, in die Schulstube hineinregierten und
dort eine erhebliche Reduktion des überkommenen Lesestof-
fes bewirkten. Es bleibt also außer Betracht, daß den Verlusten
auf dieser Seite Gewinne im Griechischen gegenüberstanden:
das Griechische, das bis dahin nur an wenigen Schulen eine
Heimstatt hatte, wurde im Laufe des 19. Jahrhunderts allgemein fester Bestandteil des gymnasialen Lehrplans, und
zwar in einem Maße, das die Lektüre aller wichtigen Autoren
der Klassik, von Homer bis Sophokles und von Herodot bis
Platon, gestattete.

Die vorliegende Skizze möchte nicht noch einmal dartun,
was schon oft dargetan worden ist: die Entdeckung der Grie-

chen als eines Ideals, als eines Maßstabs für höchste Menschlichkeit, eine im wesentlichen deutsche Entdeckung, die nicht nur der Weimarer Klassik, sondern auch dem neuhumanistischen Gymnasium sowie der aufblühenden Philosophischen Fakultät der Universität wichtige Impulse gegeben hat. Sie möchte vielmehr auf einen Schatten hinweisen, der von dem Licht dieser Entdeckung verursacht worden ist: darauf, daß die Bewunderung für die Antike nicht nur Neues erschloß (so im Bereich des Griechischen), sondern daß sie auch Überkommenes abwies und der Vergessenheit anheimgab (so im Bereich des Lateinischen).

Die Hinwendung zum Altertum, die sich in der zweiten Hälfte des 18. Jahrhunderts vollzog, hat in beiden antiken Literaturen zu klassizistischen Kanones geführt, jedoch mit dem Unterschied, daß der griechische Kanon aus geringen Überresten neu konstituiert werden mußte, daß hingegen der lateinische durch die rigorose Zurückstutzung eines viel größeren Corpus von bisherigen Schulautoren zustande kam. Die folgenden Darlegungen gelten nur dem zweiten, noch nicht im Zusammenhang gewürdigten Phänomen, sie gelten gewissermaßen dem Preis, der für das klassizistisch geprägte Humanitätsideal gezahlt werden mußte, dem Preis erheblicher Verluste an bis dahin ungestörter europäischer Tradition.

II.

Dieser Tradition im Corpus der Lateinlektüre und den auffälligsten Veränderungen, denen sie im Wandel der Zeiten unterlag, sei zunächst kurz nachgegangen; hierfür sind Lektürelisten und autorenkundliche Übersichten maßgeblicher Lehrmeister ein probates Mittel. Quintilian sei als Repräsentant der römischen Kaiserzeit vorgeführt und Konrad von Hirsau als gewichtige Stimme des hohen Mittelalters; Julius Caesar Scaliger möge die Anschauung der Renaissance bezeugen und Friedrich August Wolf die des deutschen Neuhumanismus.

Quintilian wartet in seiner *Institutio oratoria* (Ende des 1. Jh. n. Chr.) mit einem Überblick über die gesamte griechische und römische Literatur auf (10,1): nach Dichtungs- und Prosagattungen geordnet, werden die für die Geschmacksbildung des angehenden Redners geeigneten Autoren vorgeführt, zuerst die Griechen, dann die Römer. Der Katalog der griechischen Schriftsteller reicht bis zum Hellenismus und zur Zeit des Augustus; unter die römischen Schriftsteller hat Quintilian sogar einige ältere Zeitgenossen aufgenommen. Der von ihm vorgeführte Literaturkanon spiegelt, was sich im griechischen und römischen Grammatik- und Rhetorikunterricht bewährt hatte. Er hält strenge Auslese nach Qualität und Geltung; daß Quintilian von vornherein bestimmte Epochen ausgeschlossen hätte, ist nicht erkennbar, da sich das Fehlen zeitgenössischer griechischer Autoren nicht unbedingt als Folge einer beabsichtigten Ausschließung deuten läßt – nur bei den Gattungen, und zwar bei den Prosagattungen, ist offensichtlich eine Vorentscheidung getroffen worden: der Katalog berücksichtigt lediglich die Beredsamkeit, die Geschichtsschreibung und die Philosophie, nicht aber die fachwissenschaftliche Literatur.

Um die Mitte des 12. Jahrhunderts verfaßte Konrad von Hirsau einen *Dialogus super auctores*.[1] Die Schrift ist den hochmittelalterlichen *Accessus ad auctores* verpflichtet, Einleitungen zu den einzelnen Autoren, die nach einem stereotyp wiederkehrenden Schema (*vita auctoris, titulus operis, materia operis* usw.) geordnet waren. Konrad befaßt sich im *Dialogus* mit Donat, den *Disticha Catonis*, »Äsop« (einer unbestimmbaren Fabelsammlung), Avian, Sedulius, Iuvencus, Prosper, Theodul, Arator, Prudenz, Cicero, Sallust, Boethius,

Lukan, Horaz, Ovid, Juvenal, »Homer« (der *Ilias Latina*), Persius, Statius und Vergil: er führt sein Lektüreprogramm vor, nach Gattungen und Epochen bunt gemischt, doch immerhin in zwei Gruppen unterschiedlichen Schwierigkeitsgrades eingeteilt. Der Katalog enthält, wie für das Mittelalter nicht anders vorstellbar, keine griechischen, sondern nur lateinische Autoren, hierunter aber mehr Heidnisches als Christliches und ungefähr in gleichem Umfange Antikes und Spätantikes. Nur *ein* Werk, die *Ecloga* Theoduls (10. Jh.),[2] eine Gegenüberstellung von griechischen Mythen und alttestamentarischen Szenen, entstammt dem Mittelalter. Die Annahme, daß sich Konrad hierbei von einer programmatischen Absicht habe leiten lassen, verbietet sich indes aus folgendem Grunde: die heutzutage so genannte Spätantike war für ihn der Beginn und die Grundlegung des Zeitalters, dem er sich zugehörig wußte, der christlichen Ära, und eben dieses Zeitalter ist bei ihm durch die großenteils christlichen Autoren der Spätantike reichlich repräsentiert. Wenn aber Konrad, aus welcher Erwägung immer, geglaubt haben sollte, daß mittelalterliche, ja zeitgenössische Autoren für seinen Kanon weniger geeignet seien, dann ist seine Auffassung kein Charakteristikum der Epoche: das *Registrum multorum auctorum* Hugos von Trimberg, verfaßt im Jahre 1280,[3] berücksichtigt zwar nur Schulautoren, die Verse in antiken Metren geschrieben haben; hier aber nimmt das Mittelalter einen breiten Raum ein – ihm entstammen 59 der insgesamt 80 Dichter.

Die Humanisten sagten sich von dem bis zu ihnen herrschenden Kontinuitätsdenken los und vollzogen einen Bruch mit der ihnen vorausgehenden Periode, dem von ihnen so genannten Mittelalter. Sie waren ja überzeugt, daß diese Periode eine Periode des Verfalls gewesen sei und daß es daher gelte, über ein etwa tausendjähriges Intervall der Barbarei hinweg an die Antike, und zwar an die ganze Antike, an die griechische Kultur nicht minder als an die römische, anzuknüpfen und so ein neues Zeitalter herbeizuführen, das an die Antike heranreiche oder sie gar zu überstrahlen vermöge. Aus ihrem erfolgreichen Bestreben, die Künste und Wissenschaften zu erneuern, ergab sich für sie der Dreischritt ›einstige Größe – Niedergang – Wiederherstellung der einstigen Größe‹, ein wertendes Dreiphasenschema, das auf die Antike und die Gegenwart möglichst viel Licht, auf die Zwischenphase hingegen, das Mittelalter, möglichst viel Dunkel zu sammeln suchte.

Diese Optik, die so überzeugend schien, daß sie im Laufe der Zeit die universalhistorischen Periodisierungen der christlichen Tradition (die Lehre von den vier Weltmonarchien u. a.) verdrängte und unter allmählicher Preisgabe des wertenden Elements zum allgemein verbindlichen Gliederungsschema der europäischen Geschichte avancierte – diese Optik führte auch bei der Bewertung der überkommenen lateinischen Literatur zu veränderten Maßstäben, sie bewirkte, daß die lateinische Literatur des Mittelalters ganz an den Rand gedrängt, ja völlig vernachlässigt wurde. So beschränkt sich die große Literaturgeschichte von Sicco Polentone (etwa 1375–1447) – die *Scriptorum illustrium Latinae linguae libri XVIII*[4] – im wesentlichen auf die lateinischen Autoren der Antike im strengen Sinne; der christlichen Autoren wird lediglich an ein paar Stellen mit kurzen Hinweisen gedacht, und auch für die neulateinischen Dichter bleibt nur wenig Platz. Hier allerdings verschoben sich die Gewichte im Laufe des 16. Jahrhunderts nach Maßgabe des wachsenden Selbstbewußtseins der Humanisten: die neulateinische Literatur gewann im Verhältnis zur antiken erheblich an Terrain.

Die *Poetik* Julius Caesar Scaligers (1484–1558),[5] ein Werk der Spätrenaissance, das gewissermaßen die Summe aus den Debatten der Humanisten zog, unterscheidet fünf Zeitalter der lateinischen Dichtung (6,1): die Anfänge bis Plautus, die Blüte bis zu den Augusteern, das allmähliche Welken bis Juvenal, das Greisenalter, d. h. die Spätantike, sowie eine neue Kindheit, die unter Petrarca begonnen und alsbald der Antike ebenbürtige Leistungen vollbracht habe. Die Darstellung dieser Zeitalter beginnt mit dem frühesten, wendet sich dann aber dem letzten, den Neulateinern zu und geht daraufhin stufenweise bis zu den augusteischen Dichtern zurück (6,2–6,7). Das Mittelalter kommt somit bei Scaliger überhaupt nicht vor. Innerhalb der Darstellung nehmen die Neulateiner und die Augusteer den breitesten Raum ein; im Kapitel über die Spätantike fällt auf, daß die christlichen Dichter nur schwach vertreten sind.

Der Humanismus führte somit innerhalb der antik-europäischen Lese-Kontinuität unleugbar zum ersten Male einen Bruch herbei, der wenn nicht durch weltanschauliche, so jedenfalls durch ästhetisch-stilistische Kriterien bedingt war: das Ausleseprinzip der Kanonbildung filtert nicht mehr aus allen Epochen mit ungefähr gleichen Maßstäben das je Beste und Brauchbarste heraus, sondern läßt von vornherein eine ganze Epoche, eben das Mittelalter, gänzlich beiseite. Allerdings vermochte sich diese Sicht nicht allgemein durchzusetzen: Schriftstellerkataloge wie der des Johannes Trithemius (1462–1516) bekunden eine Einstellung, die am Kontinuitätsgedanken des Mittelalters uneingeschränkt festhielt. Außerdem aber hatten die Humanisten einen Bereich zurückgewonnen, der im lateinischen Westen seit der Spätantike fast gänzlich verschüttet gewesen war: die griechische Sprache und Literatur. Sie lernten Griechisch, sie lasen, edierten und übersetzten die Werke der Griechen, wobei sie sich nicht nur der paganen, sondern ebenso auch der christlichen Autoren annahmen. Sie machten sich überdies die wiederentdeckte griechische Literatur für ihre eigenen Theorien und Lehrgebäude zunutze, in allen Zweigen der Philosophie, in der Philologie, der Medizin, der Mathematik usw. Die Reduktion im Bereich der lateinischen Literatur war eng verknüpft mit einer beträchtlichen Expansion im Bereich der griechischen; man verzichtete zwar auf das lateinische Mittelalter, man fügte indes zugleich zur lateinischen Antike die griechische hinzu.

Von der Mitte des 18. Jahrhunderts an brach sich eine gänzlich neue Betrachtungsweise Bahn: während die Humanisten des 15. und 16. Jahrhunderts immerhin noch zwei exemplarische Zeitalter literarischer Produktion, die Antike und die eigene Zeit, hatten gelten lassen, wurde der Kanon nunmehr auf eine einzige Epoche, auf die vorchristliche Antike, reduziert, und nicht nur die mittelalterlichen, sondern auch die spätantiken und die neulateinischen Autoren entschwanden aus dem nunmehr maßgeblichen Bildungshorizont. Man gewöhnte sich also daran, die griechisch-römische Antike zu isolieren und als isoliertes Objekt zu betrachten; eine noch radikalere Sicht, die sich freilich im Schulwesen und im allgemeinen Bewußtsein nicht durchzusetzen vermochte, wollte sich gar auf das klassische Griechenland – unter Ausschluß alles Römischen – beschränken.

Die radikalere Sicht, gleichsam die reine Lehre des Neuhumanismus, bekundete sich zum ersten Male in der »Geschichte der Kunst des Alterthums« (1764) von Johann Joachim Winckelmann. Dieses Werk umfaßt zwar die Kunst aller Völker des alten Orients und der Antike; es rückt indes auf eine bis dahin unerhörte Weise die als Ganzheit gewürdigten Leistungen der Griechen in den Mittelpunkt. So wurde es zum Vorbild für eine analoge Behandlung der griechischen Literatur; Friedrich und August Wilhelm Schlegel waren die ersten, die, jeder auf seine Weise, die griechische Literatur als Einheit und Ganzheit, als eine konsequente Folge von Epochen zu deuten suchten.[6]

Wenn sich Literaten wie die Brüder Schlegel auf die Griechen beschränkten, so vollzog sich im öffentlichen Bildungswesen eine minder rigorose Reduktion: hier ließ man traditionsgemäß auch der lateinischen Sprache und Literatur intensive Pflege zuteil werden, wobei man sich indes wider die Tradition mit den Römern, mit deren literarischer Produktion aus der Zeit vor ihrer Christianisierung, begnügte. Der eigentliche Schöpfer dieses einerseits auf die Antike reduzierten, andererseits aber die ganze Antike umfassenden Bildungskanons, die Gründerfigur sowohl für das Lehrprogramm des humanistischen Gymnasiums als auch für das entsprechende Lehr- und Forschungsprogramm der an den Universitäten betriebenen Altertumswissenschaften war Friedrich August Wolf (1759 bis 1824). Er hat, was er einer zahlreichen Schülerschaft in rastloser Tätigkeit vom Katheder herab vermittelte, auch schriftlich festgehalten und zusammengefaßt: in der »Darstellung der Alterthumswissenschaft nach Begriff, Umfang, Zweck und Werth«.[7] Der Gegenstand dieser Altertumswissenschaft ist hiernach das Altertum im eingeschränkten Sinne der griechisch-römischen Kultur; sie umfaßt das gesamte Wissen von den Sprachen, Literaturen, Künsten, Wissenschaften, Sitten, Religionen, Nationalcharakteren und Denkarten der beiden führenden Völker der Antike. Wolf zählt in seiner ›Enzyklopädie der Altertumswissenschaft‹ eine lange Reihe formaler und materialer Disziplinen auf, die Grammatik, Hermeneutik und Textkritik, die Geographie und Geschichte, die Mythologie und Literaturgeschichte, die Archäologie, Numismatik und Epigraphik. Er will indes diese Mannigfaltigkeit der Betrachtungsweisen und Gegenstände nicht als bloße Akkumulation verstanden wissen; er sucht sie mit der neuen historischen Axiomatik – mit leitenden Kategorien wie Individualität, Originalität, Idealität und Entwicklung – auf einheitliche Erkenntnisziele zu verpflichten und zu einer Einheit zusammenzubinden.

Vom Wolfschen Kosmos der Antike blieb alles Christliche strikt ausgeschlossen. Das umfängliche Verzeichnis von Publikationen und handschriftlichen Aufzeichnungen, das wenige Jahre nach Wolfs Tode hergestellt wurde, nennt sowohl griechische als auch römische Autoren: Die Reihe der Griechen reicht von Homer bis Herodian, die der Römer von Terenz bis Sueton.[8] Dasselbe Bild ergibt sich aus den literaturgeschichtlichen Vorlesungen; bei einem Leitfaden zur Geschichte der griechischen Literatur blieb die ursprünglich geplante sechste Periode, »von Constantin dem Großen bis auf Constantinopels Eroberung«, größtenteils unausgeführt.[9] Über Wolfs Verhältnis zum Christentum verlautet in einer unverdächtigen Quelle:[10]

»Und da in späteren Jahren Wolf immer weniger von theologischen und christlichen Einflüssen sich berühren ließ, so trat er mehr und mehr in jene naturalistisch hellenisierende Richtung der göthe-schillerschen Periode über, deren Grundidee, die Idee der antiken Humanität, unter den Anregungen W. v. Humboldts er selbst zumeist in seinen wiederholten Vorlesungen herausgearbeitet hatte (...)«

III.

Friedrich August Wolf hatte die Tradition seines Faches, die Vielfalt der überkommenen philologischen, historischen und archäologischen Gegenstände, Methoden und Disziplinen, mit der Axiomatik der deutschen Klassik, insbesondere mit deren Griechenbild zu verschmelzen gewußt. Das Ergebnis war eine auf eine bestimmte Epoche, auf die Antike, fixierte Wissenschaft, eine Wissenschaft, die mit Homer begann und mit der Zeit der Völkerwanderung endete, und hierbei blieb es im wesentlichen während des ganzen 19. Jahrhunderts, ja bis zur Gegenwart. Zwar höhlten die historische und positivistische

Forschung das ideale Griechenland der Klassik gänzlich aus und widerlegten es als mit den überlieferten Tatsachen nicht vereinbar. Zwar griff zumal die Archäologie weit zurück in vorhomerische Zeiträume, zwar nahm sich zumal die Alte Geschichte mit großem Elan der Spätantike, der Völkerwanderungszeit bis zum Beginn des Mittelalters an. Doch das humanistische Gymnasium hielt unbeirrt an dem Grundriß fest, den Wolf gezeichnet hatte, und mit ihm im wesentlichen auch das Universitätsfach Klassische Philologie als die für die Ausbildung der altsprachlichen Gymnasiallehrer maßgebliche Instanz; dort blieb ein enger, im Laufe der Zeit sich mehr und mehr verengender Kanon von Autoren verbindlich. Die Spätantike, das Mittelalter und die Neuzeit lagen gänzlich außerhalb des Horizonts der Klassischen Philologie, und unter den Epochen und Autoren der Antike wurde strenge Auslese gehalten: im Bereich der griechischen Literatur begnügte man sich mit der Zeit von Homer bis Demosthenes, im Bereich der römischen mit der von Plautus bis Tacitus. Die Traditionsverluste, die sich in diesen rigorosen Einschränkungen bekundeten, waren enorm. Die Humanisten der frühen Neuzeit hatten lediglich das Mittelalter verdrängt, wobei es ihnen keineswegs gelungen war, ihre Perspektive zur alleinherrschenden zu machen. Sie hatten überdies an der lateinischen Literatur der Spätantike einschließlich der Kirchenväter festgehalten und im Bereich des Griechischen in Analogie hierzu nicht nur heidnische, sondern auch christliche Werke zum Gegenstand ihrer Forschungen gemacht. Die neuen Humanisten der Goethezeit aber fügten zur massa perditionis noch die späte, die christliche Antike hinzu, desgleichen die gesamte neulateinische Literatur, die bis ins ausgehende 18. Jahrhundert bekannt, beliebt und viel gelesen war, und ihre Perspektive wurde im 19. Jahrhundert für die maßgebliche Schicht, für das akademisch gebildete Bürgertum, richtungweisend.

Die Traditionsverluste der neuhumanistischen Tradition waren durch die Epochenschwelle des 18. Jahrhunderts bedingt. Es verdient Beachtung, daß es sich vor allem um Verluste auf seiten der mittelalterlich-frühneuzeitlichen Tradition der lateinischen Sprache und Literatur gehandelt hat. Auf seiten der griechischen Sprache und Literatur war, was sich die Humanisten des 15. und 16. Jahrhunderts erarbeitet hatten, schon im 17. Jahrhundert großenteils wieder verschüttet; hier haben die neuen Humanisten zum zweiten Male eine Dimension zurückerobert, die dem Bewußtsein breiterer Schichten von Gebildeten weniger infolge von weltanschaulichen Prämissen als aus faktischen Gründen entglitten war. Sie beschränkten sich freilich auf die vorchristliche Gräzität, sie hatten keinen Anlaß, sich, wie einst die Humanisten, auch mit der Kirchenväterliteratur zu befassen.

Die Epochenschwelle des 18. Jahrhunderts führte das Ende des *ordo christianus*, der christlichen Ära herbei, womit sie im Grunde einen tieferen Einschnitt bewirkte als das Bündel von Veränderungen, welches dazu Anlaß gab, daß sich die Zeit um 1500 als Grenze zwischen Mittelalter und Neuzeit durchsetzte. Die christliche Religion, die sich in den Augen der Besten jener Zeit durch Intoleranz, Inquisition und Glaubenskriege kompromittiert hatte, hörte auf, die maßgebliche Mitte des gesamten öffentlichen und privaten Lebens zu sein. Die überlieferte feudal-klerikale Gesellschaftsordnung, vom Absolutismus überwölbt und zum Teil schon ausgehöhlt, zerbrach; das gehobene Bürgertum erstarkte und stieg, wenn nicht in Staat und Politik, so jedenfalls in allen Bereichen der Kultur zur maßgebenden Schicht auf. Weite Bereiche, die bislang großenteils der Kirche unterstanden hatten oder jedenfalls ihrem Einfluß ausgesetzt waren, wurden ›säkularisiert‹, d. h. staatlichen Instanzen anvertraut; hierzu gehörte nicht zuletzt das öffentliche Bildungs- und Erziehungswesen, die

Schule. Dem Wandel in den Institutionen entsprachen tiefgreifende Veränderungen in der Mentalität, in den Ideen, die das allgemeine Bewußtsein beherrschten. Das transpersonale, Ein- und Unterordnung fordernde Normengefüge der Religion, der Kirche und der von beiden geprägten gesellschaftlichen Hierarchie wurde nicht mehr als sinngebend anerkannt; an seine Stelle traten das Ideal der von ihrer Vernunft geleiteten autonomen Persönlichkeit sowie der Nationalstaat als die das Denken und Trachten aller ihm angehörenden Individuen bestimmende geistige Macht.

Die Welt des Barock und der Gegenreformation, des Absolutismus und der höfischen Kultur war die letzte Ausprägung einer seit der Spätantike maßgeblichen Weltsicht gewesen, einer dualistischen Weltsicht, die den Sinn, die Erfüllung des Lebens nicht im Leben selbst, sondern jenseits des Lebens suchte, wie von der christlichen Religion verheißen. Der die greif- und sichtbare Wirklichkeit transzendierende Glaube entwertete diese Wirklichkeit nicht nur, sondern ließ auch all ihr Unglück und Elend als erträglich, ja sinnvoll erscheinen. Alle Kontraste, alle noch so schreienden Widersprüche und Ungerechtigkeiten der Wirklichkeit konnten hingenommen werden, da man überzeugt war, daß sie im Jenseits ihre Lösung fänden. Wahres christliches Denken bedurfte keiner Theodizee, keiner Stimmigkeit im hic et nunc der irdischen Gegebenheiten. Das Prinzip der Prüfung überhob der Verzweiflung an Erfolglosigkeit, Scheitern und Mißgeschick: man war ja nicht darauf angewiesen, daß alle Dissonanzen der Wirklichkeit schon innerhalb der Wirklichkeit selbst zur Ruhe kämen; man durfte auf den Ausgleich alles im Endlichen Unausgeglichenen in der Unendlichkeit hoffen.

Die christliche Heils- und Glücksgewißheit war, wie gesagt, im allgemeinen Bewußtsein der Europäer mehr als ein Jahrtausend, von der Spätantike bis zum Barockzeitalter, die herrschende Macht, und sie verlieh daher auch aller Kunst und Literatur dieser Ära markante gemeinsame Züge.[11] Zuallererst lieferte die Religion die Gegenstände, die Themen: die Bibel und die Märtyrer, die Kirche und die Praxis der Frömmigkeit erwiesen sich als unerschöpfliche Repertorien für Darstellungen und Reflexionen; Kunst und Literatur standen zu einem erheblichen Teil im Dienste der Religion. Außerdem aber war durch die christliche Lehre vorgegeben, wie dargestellt werden könne und solle, und gerade hier wirkte sich aus, daß die irdischen Dinge kein Selbstzweck waren, sondern über sich hinauswiesen – vor allem als Kontrast zum Himmlischen. Die christliche Religion erlaubte, ja forderte daher, daß aller Schrecken, aller Jammer der sinnlich wahrnehmbaren Wirklichkeit unverkürzt vorgeführt werde. Der Künstler oder Schriftsteller, der christliche Themen behandelte, war hierbei nicht einmal an diese Wirklichkeit gebunden: sein Werk sollte nichts abbilden, sondern etwas ausdrücken, und so durfte er die Häßlichkeit der über sich hinausweisenden irdischen Dinge in dem Maße steigern, das seine religiöse Absicht ihm nahelegte. Überdies setzte die christliche Religion der Kunst und der Literatur auch in stilistischer Hinsicht keine Grenzen: der christliche Maler oder Dichter durfte die Wirklichkeit nicht nur häßlicher, abstoßender, ekelhafter machen, als sie war; er konnte sie auch so bombastisch oder so maniert präsentieren, wie ihm beliebte.

Da die Kunst und die Literatur während der christlichen Ära im Dienste der Religion standen, da ihr Sinn und Zweck nicht in ihnen selbst lag, sondern außerhalb ihrer, war ihnen kein ästhetischer Kanon vorgegeben, jedenfalls nicht grundsätzlich, so sehr sich immer wieder einzelne Künstler oder Autoren oder auch ganze Perioden um Dämpfung, um Ausgleich, um Reduktion des Übermaßes bemühen mochten, so sehr also immer wieder Impulse, die von der Antike ausgingen, zu klassizistischer Verkürzung des an sich zu Gebote stehenden Ausdrucksrepertoires führten. Die Toleranz gegenüber dem Häßlichen, dem Phantastischen und dem ›Stillosen‹, welche die christliche Religion mit sich brachte, verlieh der Kunst und Literatur christlicher Observanz epochenübergreifende Gemeinsamkeiten. Sie scheinen in der kunstgeschichtlichen Forschung mehr Aufmerksamkeit zu beanspruchen als in der literaturgeschichtlichen, obwohl sie sich dort ebenso nachdrücklich hervortun. Man braucht nur einen Blick auf die beiden Literaturgattungen zu werfen, die sich – als christliche Gattungen par excellence – während der ganzen christlichen Ära größter Verbreitung und Popularität erfreuten, die in der Spätantike aufgekommen waren und mit der Ablösung des Barock durch Aufklärung und Klassizismus ihre Geltung einbüßten: auf die Bibeldichtung und die Heiligenlegende.

Dieser Umweg über allbekannte, fast schon triviale Gegebenheiten der europäischen Kulturgeschichte schien notwendig, weil sich der reduzierte Kanon des Neuhumanismus nur mit ihrer Hilfe befriedigend erklären läßt. Die Emanzipation von der christlichen Religion, die Verdiesseitigung aller Lebensbereiche, wie sie die Aufklärung vollzog, bewirkte, daß ein erheblicher Teil der bisher gültigen Prämissen künstlerischen und literarischen Hervorbringens hinfällig wurde. Die christlichen Themen mußten sich nunmehr mit einer Randposition begnügen. Und wie die greifbare Wirklichkeit jetzt ihren Sinn in sich trug, so auch die Kunst und die Dichtung, die nur noch auf sie verwiesen und nicht mehr auf einen jenseits ihrer befindlichen *mundus intellegibilis*. Das Postulat der Sinnhaftigkeit des hic et nunc machte Häßlichkeit und Bombast unerträglich oder ließ diesen Möglichkeiten nur noch den schmalen Spielraum eines innerweltlichen Kontrastes von Ideal und akzidentieller Wirklichkeit. Die Kunst und die Dichtung als in sich ruhende Spiegel einer sozusagen normalerweise sinnvollen und schönen Welt: es leuchtet ein, daß sich nunmehr ein ästhetischer Kanon etablierte, zu dessen Wesensmerkmalen Maß, Ausgewogenheit und ein fester, nicht allzu aufdringlicher, im Dienste des Dargestellten stehender Stil gehörten.

Die völlig veränderten künstlerischen und literarischen Produktionsbedingungen konnten nicht ohne Rückwirkung auf die repräsentative Auswahl aus dem Überkommenen bleiben, welche das Lektüreprogramm der Schule enthielt.[12] Eine der Restriktionen, die das neuhumanistische Gymnasium vornahm, ist nach dem Gesagten sofort verständlich: daß die lateinische Tradition um das Christliche verkürzt wurde, daß die Autoren und Werke christlicher Observanz keine Beachtung mehr fanden, die teils der Spätantike, teils der Neuzeit – wie z. B. das Jesuitendrama – entstammten. Sofort verständlich ist auch, daß dieser Zweig der Überlieferung sowohl wegen seiner Inhalte als auch – großenteils – wegen seiner ästhetischen Valenzen, wegen der Zulassung des Häßlichen, Grausigen usw. aus dem Lektüreplan verwiesen wurde. Man braucht nur an Prudenz zu denken, an den zu christlichen Zeiten beliebtesten, meistgelesenen, wirkungsträchtigsten Dichter lateinischer Zunge, um einzusehen, daß die Lehrmeister des Neuhumanismus gar nicht umhin konnten, diese Art Literatur aus der Schule zu verbannen: die erbaulichen Partien schienen langweilig, die in Grausigem schwelgenden Marterszenen abstoßend.

Nun gingen die vom Neuhumanismus errichteten Rezeptionsbarrieren über die Literatur christlicher Provenienz erheblich hinaus; das Verdikt erfaßte weit mehr, als die Abkehr von der christlichen Religion erforderte. Es handelte sich um ein gut Teil der kaiserzeitlichen Literatur, der sogenannten silbernen Latinität, um Autoren wie Lukan und Seneca. Deren Werke haben mit denen eines Prudenz eine ausgeprägte Neigung zur Vergrausung der Wirklichkeit gemeinsam – sie warten mit Schreckensbildern auf und mit stilistischem Bombast. Dieser Hang zum Furchtbaren hatte bei ihnen als paganen Schriftstellern nicht die Aufgabe, auf eine andere, höhere Welt zu verweisen; er bekundete vielmehr schlechtweg Pessimismus, Nihilismus, Verzweiflung an der Wirklichkeit – eine Verzweiflung, für die es angesichts der Tatsache, daß diese Literatur in einer Zeit tiefen Friedens und allgemeinen wirtschaftlichen Flors entstand, keine zureichende Erklärung gibt. Man griffe wohl zu kurz, wenn man das Anathem, mit welchem die Neuhumanisten einen Seneca oder Lukan – Autoren, die bis zum Barock zu den meistgelesenen und meistnachgeahmten gehörten – bedachten, einzig und allein auf ästhetische Normen zurückführen wollte: die Idiosynkrasie war gewiß auch weltanschaulich bedingt, der Optimismus der Aufklärer, ihr Glaube an die Humanität vertrug sich mit heidnischer Verzweiflung am Diesseits ebensowenig wie mit christlicher Vertröstung auf ein Jenseits.

IV.

Die Auflösung der überkommenen, religiös gebundenen Lebensanschauung, die mangelnde Bereitschaft, mit einem dualistischen Weltbild eine entsprechend von Spannungen und Gegensätzen erfüllte Kunst hinzunehmen, kurz die Abwendung vom Christentum war nicht die einzige Ursache der Traditionsverluste, welche die Konstituierung des klassizistisch orientierten neuhumanistischen Gymnasiums zu Beginn des 19. Jahrhunderts mit sich brachte. Das Verschwinden der christlichen Literatur und auch das der ›unklassischen‹ Hervorbringungen der römischen Kaiserzeit aus dem Lektürekanon mag sich mit der Veränderung der weltanschaulichen

Prämissen und ästhetischen Maßstäbe zulänglich erklären lassen: bei dem geradezu abrupten Erlöschen jeglichen Interesses an den Werken der Neulateiner versagt diese Annahme; die neulateinischen Werke waren großenteils weder dezidiert christlich noch mit einem eingeschränkten klassizistischen Kunstverständnis unvereinbar. Hier haben sich noch andere Veränderungen ausgewirkt, welche das 18. Jahrhundert mit sich brachte; die Entstehung des neuhumanistischen Lektürekanons ist nicht nur durch *eine* Ursache bedingt.

Die neulateinische Literatur,[13] ein Erzeugnis der italienischen Renaissance, wurde mustergültig für ganz Europa. Mit ihr entstand ein letztes Stratum supranationaler Schriften; sie wußte sich vom 15. bis zum 17. Jahrhundert neben den erstarkenden Nationalliteraturen zu behaupten und beherrschte bis zum Ausgang des 18. Jahrhunderts auch den Schulunterricht. Ihre Blütezeit hat sie in Deutschland und auch sonst in der Zeit von etwa 1480 bis zur Mitte des 16. Jahrhunderts erlebt. Immerhin brachte die Jesuitenschule noch im 17. Jahrhundert einen Dichter vom Range eines Jakob Balde hervor, und der satirisch-phantastische Reiseroman des Dänen Holberg, *Nicolai Klimii iter subterraneum*, entstand im Jahre 1741. Die Neulateiner, stets auf Gedankenaustausch, Debatten und Polemik erpicht, kultivierten den Brief und den Dialog, zumal den satirischen: hier kamen philosophische, moralische und literarische, ferner religiöse und politische Fragen zur Sprache. In hohem Flor stand auch die Prunkberedsamkeit, die Panegyrik, zu der die Höfe, die Universitäten und andere Institutionen reichlich Gelegenheit boten. Neben zahlreichen Geschichtswerken zeigte sich auch ein gut Teil der philosophischen, naturwissenschaftlichen und medizinischen Literatur in lateinischem Gewande; von Kopernikus bis Linné haben sich die meisten Forscher Europas zumindest in einem Teil ihrer Werke dieses noch hinlänglich von ihnen beherrschten Idioms bedient. Auf dem Felde der Poesie blühten das panegyrische Epos und zumal das Drama; für die Aufführungen fehlte es an den Universitäten und Schulen und mancherorts auch an den Höfen nicht an einem aufnahmebereiten Publikum.

Wenn auch die Produktion schon im Laufe des 17. Jahrhunderts erheblich zurückging, so hielt doch die Rezeption der neulateinischen Literatur bis zum letzten Drittel des 18. Jahrhunderts nahezu unvermindert an, was zumal daraus ersichtlich ist, daß die bekannteren Werke – die eines Erasmus, Thomas Morus oder Vives – bis zu dieser Zeit immer wieder gedruckt wurden. Die Verbreitung der neulateinischen Literatur war institutionell gesichert: dadurch, daß sich bis zur Mitte des 18. Jahrhunderts die Wissenschaft überall in Europa überwiegend des supranationalen Verständigungsmittels Latein bediente. Hier hatte sich ein Stück Mittelalter ungebrochen erhalten können: sowohl der Lehrbetrieb an den Universitäten als auch die wissenschaftliche Literatur, die Nachschlagewerke, Handbücher und Abhandlungen präsentierten sich im Gewande des Lateinischen. Wer ein akademisches Studium absolvieren wollte, war daher auf die aktive Beherrschung des Lateinischen angewiesen. Da nun aber außer an den Universitäten und in kirchlichem Milieu das Lateinische nirgends mehr als ›lebende‹ Sprache gehandhabt wurde, mußte sich, wer zu studieren gedachte, eigens um die Erlernung des Lateinischen bemühen, und diesem Zweck wiederum dienten die damaligen Gymnasien, die mit Recht ›Lateinschulen‹ genannt zu werden pflegten. Sie genügten ihrer Aufgabe dadurch, daß sie den gesamten Unterricht in lateinischer Sprache stattfinden ließen; die Schüler wurden dazu angehalten, auch untereinander lateinisch zu sprechen.

Hier, im scholastischen Milieu des 16., 17. und 18. Jahrhunderts war ein gut Teil der neulateinischen Literatur im prägnanten Sinne zu Hause, hier war ihr ›Sitz im Leben‹. Dies leuchtet bei keiner Gattung so unmittelbar ein wie bei derjenigen, die eigens für die Schule und um der Schüler willen geschaffen worden war: bei den Schülergesprächen, einer Art von Dialogen für die elementaren Erfordernisse der Alltags-Konversation.[14] Diese Gattung war um 1480 am Niederrhein und in den Niederlanden aufgekommen; sie wurde rasch zu einer europäischen Angelegenheit. Die Entwicklung begann mit anonymen Phraseologien; sie erreichte bald, mit der Editio princeps der berühmten *Colloquia familiaria* des Erasmus (1518), ihren ersten Höhepunkt. Es folgten dann noch – inmitten einer Flut von weniger bedeutsamen Gesprächs-büchern – zwei weitere Höhepunkte: die witzige und gedankenreiche *Linguae Latinae exercitatio* des Luis Vives (1538) und die *Colloquia scholastica* des Nordfranzosen Corderius (1564). Diese Gesprächsbücher waren wohl die wichtigste Stütze für den Erwerb aktiver Lateinkenntnisse; die genannten Werke erlebten bis zum Ausgang des 18. Jahrhunderts über hundert, im Falle des Erasmus sogar Hunderte von Ausgaben und Auflagen.

An zweiter Stelle stand das Drama, insbesondere die Komödie: das Einstudieren und Aufführen der zunächst an Terenz angelehnten, dann auch ziemlich selbständigen neuen Stücke, das allerorten mit großem Eifer betrieben wurde, diente nicht zuletzt dem Festigen und Erweitern der Beherrschung des Lateinischen. Eine weitere Domäne der Humanisten waren allerlei witzige und kurzweilige Anekdoten, Apophthegmen und Adagien: dergleichen reizte zur Lektüre und zum Versuch der Nachahmung. Schließlich gab es bei allerlei Anlässen Schuldeklamationen, wie sie z. B. Melanchthon meisterlich zu verfassen wußte: hiermit pflegten die Lehrer selbst Proben ihres Könnens abzulegen. Überhaupt erscheint das Lateinische in der Prosa der Humanisten als ein ganz gewöhnliches, jedermann zugängliches Mittel der Verständigung und

Unterhaltung; die Texte sind nicht selten erheblich leichter als selbst Caesar oder Terenz, und auch der heutige Leser vermag noch zu spüren, daß sie wegen ihres Sprachduktus und ihrer zeitnäheren Inhalte oft eingängiger sein mußten, als die eingängigsten Autoren der Antike.

Europa stand spätestens im 17. Jahrhundert allgemein im Zeichen eines rapide erstarkenden Nationalbewußtseins; der Nationalstaat wurde mehr und mehr zum Bezugsrahmen allen Handelns und Fühlens, und das literarische Leben spielte sich in zunehmendem Maße in den einzelnen Nationalsprachen ab. Diese Entwicklung erreichte im ausgehenden 17. Jahrhundert auch eines der letzten Bollwerke des Lateinischen, die Universität: der Lehrbetrieb und das wissenschaftliche Schrifttum begannen sich ebenfalls der jeweiligen Nationalsprache zu bedienen. Der Jurist Christian Thomasius in Leipzig soll einer der ersten gewesen sein, die – um 1687 – Vorlesungen in deutscher Sprache hielten: um die Mitte des 18. Jahrhunderts enthielten die Leipziger Meßkataloge zum ersten Male mehr nationalsprachliche Buchtitel als lateinische.

Hiermit aber büßte der Gymnasialunterricht seine wichtigste bisherige Funktion ein: die aktive Beherrschung des Lateinischen war nicht mehr gefragt. So verlor auch die neulateinische Literatur ihre institutionelle Stütze, und nicht nur die Schülergespräche und Schuldramen, sondern auch die übrige lateinische Literatur verfiel in erstaunlich kurzer Zeit völliger Vergessenheit. Die Gymnasiasten brauchten nicht mehr lateinisch miteinander zu reden, und der Lehrplan wurde im Laufe des 19. Jahrhunderts auf zwei Stufen reduziert, auf den Elementarunterricht in Grammatik und auf die Autorenlektüre: das Pensum der bisherigen beiden obersten Klassen, der rhetorische Drill in lateinischer Sprache, der das aktive Sprachvermögen hatte steigern sollen, entfiel.

Die wichtigsten Ursachen der Traditionsverluste, die das neuhumanistische Gymnasium im Verhältnis zum Lektürepensum früherer Epochen erkennen läßt, dürften hiermit genannt sein. Mit der Nationalisierung des Wissenschaftsbetriebes ging ein letztes Stück des aus dem Mittelalter überkommenen Universalismus, das Lateinische als allgemeines Verständigungsmittel, unter. Die neulateinische Literatur büßte hiermit ihre raison d'être, ihre praktische Legitimation ein, und da sie sich nicht durch ideelle Gründe rechtfertigen ließ, verschwand sie spurlos aus den Lehrplänen. Die ideellen Gründe sprachen vielmehr einzig und allein für die Antike, worunter man eigentlich nur die Griechen verstand; die Römer konnten immerhin das Siegel der Zugehörigkeit zum klassischen Altertum für sich beanspruchen, und so blieb die lateinische Sprache und mit ihr ein auf die Antike beschränkter lateinischer Lektürekanon erhalten. Das idealistische Antikebild der Goethezeit war für das überkommene Gymnasium die rettende Auffangstellung; wäre sie nicht bereit gewesen, hätten sich viel stärker der Lebenspraxis zugewandte Schulformen durchsetzen müssen, wie z. B. die utilitaristische Richtung der Philanthropinisten.

Es wurde soeben darauf hingewiesen, daß die Reformen der Neuhumanisten die Rhetorik-Klassen, die bisherige Oberstufe des Gymnasiums, beseitigten. Hiermit nahmen sie eine der einschneidendsten Änderungen vor, die das antik-europäische Bildungswesen je erlitten hat.[15] Rhetorik-Unterricht, d. h. nicht nur die Erlernung der Theorie, sondern auch praktische Exerzitien, hatte seit jeher zur höheren Bildung gehört; das Fach lebte im Trivium der mittelalterlichen Schule fort und erfreute sich, nachdem Poggio in St. Gallen ein vollständiges Exemplar der *Institutio oratoria* Quintilians entdeckt hatte, einer neuen Blüte. Die Rhetorik hatte sich im spätrepublikanischen Rom zunächst in griechischem Gewande eingenistet, doch schon bald, im 1. Jahrhundert v. Chr., gelang die völlige Latinisierung der Theorie, der Terminologie und der Übungen. Dieser Vorgang hätte sich gegen Ende des 18. Jahrhunderts wiederholen können; es gab nichts, was die Überführung des Faches in die nunmehr maßgeblichen Nationalsprachen a limine verhindert hätte. Hier waren somit – außer dem Hauptgrund, dem ›Tod‹ des Lateinischen als praktisch gehandhabter Sprache – noch andere Ursachen im Spiele. Man muß bedenken, daß Rhetorik im Zeitalter des Absolutismus mit Prunkberedsamkeit, mit einer Panegyrik bedeutungsgleich geworden war, die im wesentlichen aus gespreizten konventionellen Phrasen bestand: es galt, ein konstantes Repertoire von Motiven, von Topoi, stets aufs neue zu variieren. An dieser Rhetorik konnten die politischen Tendenzen, die das aufsteigende Bürgertum begleiteten, keinerlei Nahrung finden, und erst recht kamen dort die neuen ästhetischen Leitideen, der Genie-Kult und das Streben nach Originalität, nicht auf ihre Kosten. So mag sich erklären, daß mit dem Lateinischen als zu praktischen Zwecken benutzter Sprache auch die Rhetorik-Exerzitien vom Lehrplan des Gymnasiums verschwanden, daß dort nur noch im (deutschen) Aufsatz und in der Lektüre der antiken Redner Reste des einstigen Rhetorik-Studiums fortlebten.

Anmerkungen

[1] Ausgabe: Accessus ad auctores, Bernard d'Utrecht, Conrad d'Hirsau, Dialogus super auctores, hrsg. von ROBERT B. C. HUYGENS. LEIDEN 1970. Zum ganzen Kapitel vgl. MANFRED FUHRMANN, »Die Geschichte der Literaturgeschichtsschreibung von den Anfängen bis zum 19. Jahrhundert«, in: BERNARD CERQUIGLINI, HANS ULRICH GUMBRECHT (Hrsg.), Der Diskurs der Literatur- und Sprachhistorie. Frankfurt / M. 1983, S. 49 ff.

[2] Ausgabe: Bernard d'Utrecht, Commentum in Theodulum, hrsg. von ROBERT B. C. HUYGENS, Biblioteca degli »Studi medievali« 8. Spoleto 1977, S. 9 ff.

[3] Ausgaben: Das Registrum multo-

rum auctorum des Hugo von Trimberg, hrsg. von JOHANN HUEMER, Sitzungsberichte der österreichischen Akademie der Wissenschaften in Wien, Phil.-Hist. Klasse 116 (1988), S. 145–190; Das Registrum..., hrsg. von KARL LANGOSCH, Germanische Studien 235. Berlin 1942.

[4] Ausgabe: Sicconis Polentoni Scriptorum illustrium Latinae linguae libri XVIII, hrsg. von BERTHOLD LOUIS ULLMAN, Papers and Monographs of the American Academy in Rome 6. Rom 1928.

[5] Ausgabe: JULIUS CAESAR SCALIGER, Poetices libri VII. Lyon 1561, Nachdruck Stuttgart 1964.

[6] FRIEDRICH SCHLEGEL, Von den Schulen der Griechischen Poesie (1794), Über das Studium der Griechischen Poesie (1795/97). AUGUST WILHELM SCHLEGEL, Geschichte der klassischen Literatur, hrsg. von EDGAR LOHNER. Stuttgart 1964.

[7] Museum der Alterthums-Wissenschaft I (1807), III–IX und 1–145 (Nachdruck Berlin/Weinheim 1986) = FRIEDRICH AUGUST WOLF, Kleine Schriften, hrsg. von G. BERNHARDY. Halle 1869, Bd. 2, S. 808 ff.

[8] WILHELM KÖRTE, Leben und Studien Friedr. Aug. Wolf's des Philologen. Essen 1833, Bd. 2, S. 259 ff. (Beilage XIV).

[9] KÖRTE (Anm. 8), S. 164 f.; FR. A. WOLF, Kleine Schriften (Anm. 7), Bd. 2, S. 691 ff.

[10] J. F. J. ARNOLDT, Fr. Aug. Wolf in seinem Verhältnisse zum Schulwesen und zur Pädagogik. Braunschweig 1861/62, Bd. 2, S. 393.

[11] Das Folgende resümiert vieles von dem, was die Vorlagen und Diskussionen über christliche Ästhetik in dem Band: Die nicht mehr schönen Künste – Grenzphänomene des Ästhetischen, hrsg. von HANS ROBERT JAUSS, Poetik und Hermeneutik 3. München 1968, erbracht haben.

[12] Zum Lektüreprogramm des neuhumanistischen Gymnasiums siehe FRIEDRICH AUGUST ECKSTEIN, Lateinischer und griechischer Unterricht, hrsg. von HEINRICH HEYDEN. Leipzig 1887, bes. S. 191 ff.

[13] Hierzu noch stets unentbehrlich PAUL VAN TIEGHEM, La littérature latine de la Renaissance. Paris 1944. Ferner JOZEF IJSEWIJN, Companion to Neo-Latin Studies 1. Löwen 1990.

[14] Zum folgenden siehe ALOYS BÖMER, Die lateinischen Schülergespräche der Humanisten, 2 Teile. Berlin 1897–99, Nachdruck Amsterdam 1966.

[15] Das Folgende nach MANFRED FUHRMANN, Rhetorik und öffentliche Rede. Über die Ursachen des Verfalls der Rhetorik im ausgehenden 18. Jahrhundert. Konstanz 1983, S. 10 ff. Hinweise auf die ganz analoge Entwicklung in Frankreich bei CHAIM PERELMAN, Das Reich der Rhetorik. München 1980, S. 1 ff.

»WIE DIE JUNGEN LEUTE DIE DICHTER AUFFASSEN SOLLEN«

Dichtung als Norm

I.

Eine Abhandlung von Plutarch aus Chaironeia trägt den Titel: Πῶς δεῖ τὸν νέον ποιημάτων ἀκούειν, was sich deutsch, wenn man es nicht allzu genau nimmt, durch »Wie die jungen Leute die Dichter auffassen sollen« wiedergeben läßt. Plutarchs Sohn Soklaros und ebenso Kleandros, der Sohn des Freundes Marcus Sedatius, haben gerade das Alter erreicht, in dem man sie nicht mehr von der Dichterlektüre fernhalten kann und soll: sie bedürfen pädagogischer Anleitung, da ihre Lektüre genauer überwacht werden muß als ihre Reisen; Plutarch sendet dem Freund die Niederschrift von Gesichtspunkten, die er ihm unlängst mündlich nahegebracht hat. Die Dichtung enthält »viele heilbringende Stoffe und, darunter gemischt, viele verderbliche« (φάρμακα πολλὰ μὲν ἐσθλὰ μεμιγμένα, πολλὰ δὲ λύγρα) verlautet mit einem geistreich in übertragener Bedeutung verwendeten Zitat aus der *Odyssee*,[1] und eben wegen dieser Ambivalenz macht die Lektüre junger Leute παιδαγωγία erforderlich, zumal die intelligenter junger Leute – die dummen bleiben stumpf gegenüber den Verführungskünsten der Dichtung. Es wäre falsch, der Jugend Wachs in die Ohren zu stopfen wie den Matrosen des Odysseus; es ist besser, ihr Urteil an den Mast vernünftiger Überlegung zu binden, so daß sie nicht durch die Verlockung ins Verderben gezogen werden: Plutarch bringt eine Allegorese der Sirenen-Episode der *Odyssee*,[2] um seine Auffassung zu verdeutlichen.

Die Philosophie vermag die jungen Leute nicht zu errei-

PLVTARCHI

CHAERONENSIS

MORALIA, quæ vſurpantur. ſunt autem omnis
elegantis doctrinæ PENVS: Id eſt, varij libri: morales, hi-
ſtorici, phyſici, mathematici, deniq; ad politiorem litte-
raturam pertinentes & humanitatem:

*OMNES DE GRAECA IN LATI-
nam linguam tranſſcripti ſummo labore,
cura, ac fide:*

GVILIELMO XYLANDRO AVGV-
STANO interprete.

Acceſſerunt his INDICES locupletiſſimi.

PALMA GVAR.

BASILEÆ,
PER THOMAM GVARINVM,

M. D. LXX.

M. Martini Cruſj.

Vlt. September 1570. donauit
ipſe Auctor.
Ligariai d. Jo. Joanni
Caſpinkalieno.

---

*Des Plutarch aus Chaironeia sogenannte Moralische Schriften. Sie
sind ein Vorrat erlesener Gelehrsamkeit jeder Art, d. h. Bücher verschiedenen Inhalts: moralisch, historisch, physikalisch, mathema-
tisch, zudem mit Einschluß der feineren Literatur und Bildung. Alle-
samt aus der Griechischen in die Lateinische Sprache übertragen,
mit größter Mühe Sorgfalt und Zuverlässigkeit, von Wilhelm
Xylander aus Augsburg als Übersetzer. Versehen mit reichhaltigen
Registern. Basel, bei Thomas Guarinus, 1570.*

chen, wenn sie offen als Philosophie dargeboten wird: man muß ihnen die philosophischen – das bedeutet bei Plutarch stets: die moralischen – Lehren im Gewande anschaulicher Poesie zugänglich machen. »Wie der Alraun«, schreibt Plutarch,[3] »der neben Reben wächst und dem Wein seine Kraft mitteilt, den Schlaf der Trinkenden leichter macht, so bewirkt Dichtung, wenn sie die philosophischen Lehren mit Fabulösem vermischt darbietet, daß die jungen Leute diese Lehren mühelos und freudig aufnehmen. Daher soll, wer ein philosophisches Leben zu führen gedenkt, die Dichtung nicht meiden, sondern sie als Vorschule der Philosophie ansehen, indem er sich daran gewöhnt, in ihren Annehmlichkeiten das Nützliche zu suchen und zu schätzen oder sie, wenn sie nichts Nützliches enthält, heftig abzulehnen.«

Die Dichtung bereitet Vergnügen und stiftet Nutzen, und das Vergnügen muß bei der Erziehung der Jugend, wenn es nicht gefährlich, sondern förderlich sein soll, im Dienste des moralischen Nutzens stehen: auf diese grundsätzlichen Thesen des 1. Kapitels folgen zunächst Warnungen vor gefährlichen oder jedenfalls mißverständlichen Aspekten der Dichtung: vor ihrer Fiktionalität und ihrem Charakter als Mimesis, als Nachahmung von Wirklichem (Kapitel 2–3). Die Dichter kümmern sich nicht um Wahrheit: sie erfinden selbst oder geben Erfundenes weiter; sie verbreiten insbesondere falsche Vorstellungen über die Götter, die Heroen und das Jenseits, die Unterwelt. Man darf dergleichen nicht für bare Münze nehmen, wenn man Schaden vermeiden möchte: die Fiktionen sind nur dazu da, zu erfreuen und zu fesseln. Und so wenig man sich durch fiktive Stoffe verleiten lassen darf, so wenig darf man das Artifizielle gelungener Nachahmungen mißverstehen: bei der Darstellung von physisch oder moralisch Häßlichem bewundert man die Ausführung, nicht die Sache selbst, die häßlich bleibt, mag sie noch so meisterlich abgebildet sein. Überdies muß man den jungen Leuten klarmachen, daß die Dichter das Häßliche, das sie nachahmen, nicht eo ipso billigen wollen.

Plutarch kommt nunmehr zum Kern der Sache, zu dem Thema, das ihn in den weiteren Kapiteln beschäftigt: zur Notwendigkeit, bei jedweder Dichterlektüre das Gute vom Bösen, das Mustergültige vom Verwerflichen zu trennen und jede Handlung und jeden Charakter angemessen zu beurteilen. Zunächst werden Indizien vorgeführt, die der Deutung den richtigen Weg weisen (Kapitel 4–6). Die Dichter geben oft ausdrücklich zu erkennen, daß etwas, das sie darstellen, Mißbilligung verdiene, oder der nach dem Prinzip der poetischen Gerechtigkeit konstruierte Handlungsverlauf verwirft das böse Tun durch die bösen Folgen, die es mit sich bringt. Oft findet man die richtige Einschätzung anstößigen Verhaltens an einer anderen Stelle desselben Dichters, etwa in der Form einer Sentenz, die das Gegenteil billigt. Wenn diese Auskunft versagt, muß man auf eine andere Autorität rekurrieren, insbesondere auf Philosophen wie Sokrates oder Diogenes – schon hier deutet Plutarch an, daß seiner Meinung nach aller Dichtung und Philosophie ein im wesentlichen widerspruchsfreies, über die Zeiten hinweg sich gleichbleibendes Moralsystem zugrundeliegt. Neben Hinweisen, die sich dem jeweiligen Dichter selbst oder anderen Autoren entnehmen lassen, ist das richtige Verständnis des poetischen Sprachgebrauchs von großem Belang. Man geht fehl, wenn man nicht beachtet, daß Götternamen auch metonymisch verwendet werden können: Hephaistos für das Feuer, Ares für den Krieg usw., oder wenn man übersieht, daß mit ›Zeus‹ oft das Schicksal oder der Zufall gemeint ist oder mit ἀρετή, dem sittlichen Wert, Erfolg und Reichtum. »Nur dort«, lautet hier Plutarchs hermeneutische Maxime,[4] »wo ein Göttername der Moral, der Vernunft und der Wahrscheinlichkeit gemäß ist, wollen wir annehmen, daß er in seiner eigentlichen Bedeutung verwendet wird.« Man soll also an Dichtwerke aus längst vergangenen Zeiten abstrakte Maßstäbe von außen herantragen – mit dem Erfolg, daß das Gemeinte im Sinne von Plutarchs eigenen Wertvorstellungen umgemodelt wird. »So haben die Götter den elenden Menschen das Los zugeteilt, in Sorgen zu leben«: dieser düstere Ausruf aus einer Rede, die Achill am Ende der *Ilias* an Priamos richtet,[5] weist mitnichten nur ›unverständigen‹ Menschen ein hartes Los zu, wie Plutarch will,[6] um sein Theodizee-Prinzip vor Schaden zu bewahren; er zielt vielmehr auf alle Menschen. Das Attribut ›elend‹ ist proleptisch; es nimmt vorweg, was das Los, das den Menschen zugeteilt ist, bewirkt. »Dem Reichtum folgt Vortrefflichkeit (ἀρετή) und Ansehen«, schreibt Hesiod:[7] ἀρετή wird hier nicht, wie Plutarch meint,[8] in übertragenem Sinne für ›Ruf‹, ›Macht‹ oder ›Glück‹ verwendet; vielmehr war dem archaischen Dichter der von jeglichem Erfolg gelöste Tugendbegriff der sokratischen Philosophie noch unbekannt.

Wenn der Autor keine Hinweise gibt, wie Gut und Böse geschieden werden sollen, und wenn auch die Rücksicht auf den poetischen Sprachgebrauch nicht weiterhilft, dann muß man den jungen Leser dazu anleiten, sich mit Hilfe eigener Kriterien im bunten Vielerlei der Dichtung zurechtzufinden: dieser Grundgedanke hat offenbar Plutarch in einer weiteren Reihe von Kapiteln geleitet (7–13). »Den Dichtern darf man nicht gehorchen, wenn die Sujets ihrer Werke nicht vernünftig sind«, heißt es nunmehr allgemein;[9] »sie sind vernünftig, wenn sie mit dem Guten übereinstimmen; das Schlechte hingegen erweist sich als leer und sinnlos.« Diese abstrakte Maxime soll offenbar nicht so verstanden werden, daß in der Dichtung nichts Böses vorkommen dürfe: Plutarch ist weit davon entfernt, sich eine derart rigorose Forderung, wie sie einst Platon erhoben hatte,[10] zu eigen zu machen. Die Dichtung, verlautet vielmehr,[11] welche die Wirklichkeit nicht gänzlich ignoriere, biete in ihren Handlungen ein Gemisch von Lastern und Tugenden dar; sie widerspreche, hierin mit dem Leben übereinstimmend, der stoischen Schulweisheit, wonach der Gute in allem gut und der Schlechte in allem böse sei. Der junge Leser müsse sich demnach hüten, alles zu bewundern, was die Gestalten der Dichtung tun und sagen: »Er sei vielmehr überzeugt,« fährt Plutarch fort,[12] »daß die Dichtung Nachahmung der Charaktere und Lebensformen von Menschen ist, die weder vollkommen noch rein noch gänzlich untadelig, die vielmehr durch Leidenschaften, unrichtige Meinungen und Unwissenheit bestimmt sind, die sich aber dank ihrer guten Anlagen oft zum Besseren hin entwickeln.« Man müsse die jungen Leute dazu anleiten, sich nicht von den schlechten Charakterzügen imponieren zu lassen und allein den guten nachzueifern. Bei mehrdeutigem Verhalten einer Figur gelte es, ihr das bessere, anständigere Motiv zu unterstellen. Nausikaa zum Beispiel sei nicht schamlos, wenn sie sich einen Mann wie Odysseus als Gatten wünsche, sondern bringe ihre Bewunderung für den Charakter und die Klugheit des Helden zum Ausdruck. Wie das wuchernde Rankenwerk von Weinreben die Trauben, so verbirgt auch der stilistische Schmuck und die Fabel der Dichtung oft das Nützliche, was darin enthalten ist: man darf sich hiervon nicht ablenken lassen; man sei stets bestrebt, die vielfältigen Unterschiede zwischen Gut und Böse zu erkennen. Plutarch räumt ein,[13] daß man sich durch verschiedene Interessen von Dichtung angezogen fühlen könne: den einen locke das Geschichtliche, einen anderen hingegen der ästhetische Reiz. Hier aber, fährt er fort, gehe es um etwas Drittes, um das sittliche Engagement; demzufolge sei es seine Aufgabe, auf Beispiele für Tapferkeit, Selbstbeherrschung, Schamgefühl usw. hinzuweisen. Moralisch anfechtbaren Aussprüchen der Dichter muß man Berichtigungen zur Seite stellen – ein Geschäft, das insbesondere von Stoikern betrieben worden war. Und schließlich: gute Sentenzen darf man verallgemeinern, indem man sie auf alle ähnlichen Gegebenheiten erstreckt.

Das Schlußkapitel hebt noch einmal und mit besonderem Nachdruck die Übereinstimmung im Grundsätzlichen hervor, die zwischen Dichtung und Philosophie herrsche. Man stärke daher die Autorität der Dichterworte durch ähnliche Äußerungen von Philosophen: Plutarch führt eine Reihe von Beispielen an, aus denen sich ergibt, daß die Dichter dieselben moralischen Grundsätze lehren wie die Philosophen – die Moral ist hierbei offensichtlich abermals als ein sich gleichbleibendes, widerspruchsfreies System von Normen vorausgesetzt. »Indem man auf diese Weise philosophische Lehren heranzieht und vergleichend daneben stellt«, schreibt Plutarch,[14] »führt man die Dichtungen aus der Fiktionalität und der Sphäre des Theaters hinaus und verleiht man den heilsamen Worten Ernst; außerdem erschließt und erweckt man den Geist des jungen Menschen für die Erkenntnisse der Philosophie.« »Die Jugend«, heißt es zum Schluß,[15] »bedarf bei der Lektüre einer guten Anleitung, damit sie nicht voreingenommen, sondern vielmehr vorbereitet sei und sich gern, freudig und aufgeschlossen durch die Dichtung zur Philosophie voranführen lasse.«

II.

Die Schrift Plutarchs bekundet eine lange Tradition der Auffassung, daß wahre Dichtung einen moralischen Nutzen habe, daß sie die Menschen bessere. Der Titel ähnelt dem einer Schrift des Stoikers Chrysipp: Περὶ τοῦ πῶς δεῖ τῶν ποιημάτων ἀκούειν – »Wie man die Dichter auffassen soll.«[16]

Plutarch hat offensichtlich hierauf anspielen wollen; er hat lediglich τὸν νέον hinzugefügt, um anzudeuten, daß er das von Chrysipp im allgemeinen erörterte Thema mit Beschränkung auf die Jugenderziehung behandle. Wieweit er dem Vorgänger auch inhaltlich verpflichtet ist, läßt sich nicht mehr ausmachen – von Chrysipps Schrift ist außer dem in einem Werkverzeichnis genannten Titel nichts erhalten. Immerhin läßt sich der Horizont, der die Abhandlung Plutarchs bedingt hat, einigermaßen wiederherstellen: mancher Gedanke verweist auf die ältere Tradition – die Schrift wendet sich stillschweigend gegen Platon und ausdrücklich gegen die Stoiker; sie lehnt sich an Aristoteles an oder an hellenistische Theorien.

Das von Plutarch erörterte Problem läßt sich bis zur Sophistik zurückverfolgen,[17] bis zu jener Bildungsbewegung des 5. Jahrhunderts v. Chr., welche die gesamte überkommene Kultur – die Sprache, die Literatur, die Religion, den Staat, die Politik, die Moral, das Recht usw. – nicht mehr, wie die früheren Zeiten, einfach hingenommen, sondern zum Gegenstand der Reflexion und der Kritik gemacht hat. Die Sophisten, die sich zuallererst als Erzieher verstanden, die ihren Schülern, einer Elite adliger Herkunft, zu erfolgreichem politischen Handeln verhelfen wollten, nahmen sich um ihrer Zwecke willen auch der Dichtung an; sie verwendeten sie in ihrem Unterricht, weil sie sie für nützlich hielten. Die *Frösche* des Aristophanes, vom Jahre 405 v. Chr., ein grandioser Dichterwettstreit, ausgetragen in der Unterwelt zwischen Aischylos und dem damals soeben erst verstorbenen Euripides, spiegeln offenbar die Gesichtspunkte, welche die Sophisten bei ihren Debatten über den Wert der Dichtung geltend gemacht hatten. »Nun denn, so gib mir auf eines Bescheid: was erwirbt dem Poeten Bewunderung?«, fragt dort Aischylos seinen Rivalen, und die Antwort lautet: »Talent und Geschick und moralischer Zweck, begeisterter Eifer, die Menschen im Staate zu bessern!«[18] Platon wiederum läßt Protagoras, den Erzsophisten, in dem nach ihm benannten Dialog sich folgendermaßen äußern:[19] »Ich bin überzeugt, Sokrates: Bildung (παιδεία) besteht größtenteils darin, daß man ein gründlicher Kenner der Dichtung sein muß. Man soll also imstande sein, das von den Dichtern Gesagte zu beurteilen: was darin richtig gesagt ist und was nicht.« Xenophon schließlich weiß mitzuteilen,[20] man habe Sokrates verleumderisch vorgeworfen, daß er aus den berühmtesten Dichtern die schlimmsten Stellen herausgesucht und als Zeugnis verwendet habe, seinen Freunden beizubringen, wie sie Übles tun und ein tyrannisches Verhalten an den Tag legen könnten.

Die sophistische Doktrin, daß die Dichtung vor allem dazu bestimmt sei, moralisch zu bessern, und daß sie daher zuallererst nach moralischen Kriterien beurteilt werden müsse, hat eine überaus erfolgreiche Karriere hinter sich gebracht,[21] eine Karriere, die sich nicht nur durch die Antike, sondern auch durch alle folgenden Zeiten bis an die Schwelle des 19. Jahrhunderts verfolgen läßt. Man begegnet dieser Lehre in der Moralphilosophie und in der dichtungstheoretischen Reflexion; man begegnet ihr weiterhin im Literaturunterricht, wie er vom Grammatikos, dem antiken Philologen, erteilt wurde; man begegnet ihr schließlich auch als einem Ingrediens dichterischer Praxis, da sie nicht nur die von Anfang an vorhandene lehrhafte Dichtung bestätigt, sondern auch der Produktion weiterer Dichtung dieser Art den Weg geebnet hat.

Schon Platon hat sich das sophistische Dogma vom Besserungszweck der Dichtung zu eigen gemacht: auch er nahm an, daß die Dichtung den Auftrag habe, den Menschen als sittliche Wegweisung zu dienen.[22] Er unterschied sich jedoch darin von den Sophisten, daß er seine Vorstellung von der Aufgabe der Dichtung nicht einfach durch die vorhandenen

Dichtwerke – durch die homerischen Epen, durch die Lyrik, durch die Tragödien – bestätigt sah; er glaubte vielmehr, daß lediglich neue Werke, die nach bestimmten, von ihm festgesetzten Prinzipien zu verfassen seien, dem eigentlichen Zweck der Dichtung zu genügen vermöchten. Er verwarf somit die gesamte Überlieferung seines Volkes, da sie falsche Vorstellungen von den Göttern und Heroen vermittle und ihr Publikum verweichliche und zur Leidenschaftlichkeit – zu Jammer, Rührung usw. – verführe. Er hat sich begreiflicherweise mit seinen allzu rigorosen Ansprüchen nicht durchgesetzt: er fand nicht einmal unter Seinesgleichen, unter den Philosophen, Nachfolger und hat erst recht auf die dichterische Praxis – etwa in dem Sinne, daß man nunmehr die von ihm geforderte gesinnungsstärkende Zweckpoesie, Götterhymnen sowie Preislieder auf tüchtige Männer, verfaßt hätte – keinerlei Einfluß gehabt. Andererseits wurde seine Dichterkritik als Herausforderung aufgefaßt, auf die man antworten, die man auf das ihr zukommende Maß zurückstutzen müsse: Platon begleitete über die Jahrhunderte hinweg als Mahner das Nachdenken über Dichtung.

Schon die aristotelische *Poetik* ist großenteils aus dem Widerspruch gegen Platon hervorgegangen;[23] sie suchte das Verdikt als gegenstandslos zu erweisen, das Platon über die gesamte griechische Dichtung verhängt hatte. Sie kehrte hierbei allerdings nicht einfach zu der Position der Sophisten zurück, wonach die Dichtung moralisch bessern müsse und auch wirklich bessere. Sie hob vielmehr eher das dem moralischen Nutzen entgegengesetzte Prinzip hervor, die ἡδονή, die Lust, das Vergnügen. Sie zielte indes hiermit sowie mit der berühmten Katharsis auf ein Vergnügen, das auf ethischen Voraussetzungen beruhte: nicht beliebige Handlungen, sondern nur Handlungen, die bestimmten Kriterien genügten, sollten die kathartischen Affekte – etwa Furcht und Mitleid in der

Tragödie – und mit ihnen das Vergnügen am Dargestellten hervorrufen dürfen. Der tragische Held zum Beispiel soll nur dann einen Umschwung vom Glück ins Unglück erleiden, wenn er sich einen Fehlgriff hat zuschulden kommen lassen: Aristoteles lehnte den Untergang eines makellosen Mannes, also die Schicksalstragödie, sowie den Erfolg des Schurken als mögliche Handlungstypen entschieden ab, offenbar deshalb, weil er der Auffassung war, daß durch derlei Ereignisfolgen der Glaube an eine sinnvolle Weltordnung erschüttert werden könnte. Hier also kommt das moralische, ja erzieherische Moment der aristotelischen Theorie zum Vorschein: daß sie bei den möglichen Inhalten auf strenge Auslese bedacht ist, daß sie nur das sittlich geläuterte Vergnügen zuläßt, das zugleich Erkenntnis verschafft, Einsicht in die condicio humana, in die Grenzen und die Gefährdung menschlicher Existenz. Dann wird auch begreiflich, daß Aristoteles der Dichtung den höchsten Titel zuerkannte, den er zu vergeben hatte: daß sie, da sie das καθόλου, das Allgemeine – also etwa: das Maßgebliche und Gültige – zum Gegenstand habe, an die Philosophie heranreiche, daß sie etwas Philosophischeres und Ernsthafteres sei als die dem Besonderen, dem Einmaligen und Zufälligen, zugewandte Geschichtsschreibung. Plutarch hat diese Gedanken nur zur Hälfte übernommen: er rückte die Dichtung ganz im Sinne des Aristoteles in die Nähe der Philosophie, hielt aber zugleich an der auch von Platon propagierten Auffassung fest, daß die Dichter lügen, d. h. daß die Fiktionalität der Dichtung etwas Gefährliches sei; er durchschaute also nicht, daß Aristoteles diese Auffassung bereits widerlegt hatte, indem er das καθόλου, das Allgemeine, Modellhafte zum entscheidenden Merkmal der poetischen Fiktion erhob.

Das Verhältnis von Dichtung, Moral und Vergnügen ist in der Antike nach Aristoteles niemals mehr mit einem derart auf das Grundsätzliche gerichteten Blick behandelt worden.

Sowohl die Zeitgenossen als auch die Späteren haben sich, wenn es um die Frage des Wirkungszwecks der Dichtung ging, mit ziemlich einfachen, hausbackenen Formeln begnügt. Zumal die kynische und die stoische Schule waren darauf bedacht, aus der Dichtung möglichst viel für ihre eigenen Morallehren herauszuholen: sie deuteten mythische Figuren wie Odysseus oder Herakles als Einkleidungen ethischer Muster und Maximen. Poseidonios zum Beispiel sah Homer als Erzieher an, der zum Guten anleiten wolle; die mythische Einkleidung wurde von ihm, wie später von Plutarch, als Mittel gewürdigt, das die moralischen Lehren für die Jugend und überhaupt für Nichtphilosophen leichter zugänglich machen sollte.[24] Ein überaus reizvolles Zeugnis dieser Einstellung gegenüber der Dichtung hat sich in Horazens Versepistel an Lollius erhalten. Er habe sich, schreibt Horaz dem Freunde, im Ferienort Praeneste einmal wieder den Homer vorgenommen, *qui quid sit pulchrum, quid turpe, quid utile, quid non, planius ac melius Chrysippo et Crantore dicit* – »der, was ehrbar sei, was schimpflich, was nützlich und was nicht, klarer und besser sagt als (der Stoiker) Chrysipp und (der Akademiker) Krantor.«[25] Die Geschichte, fährt Horaz fort, die da vermelde, wie wegen der Leidenschaft des Paris Griechenland und Troja gegeneinander Krieg geführt hätten, enthalte die Wallungen törichter Könige und Völker. Nicht Paris, nicht Achill habe sich mäßigendem Rat gebeugt: *Quidquid delirant reges, plectuntur Achivi* – »Wenn die Fürsten rasen, müssen die Achiver (die einfachen Leute) dafür büßen.«[26] Den abschreckenden Beispielen der *Ilias* folgt ein anspornendes der *Odyssee*: *Rursus quid virtus et quid sapientia possit, utile proposuit nobis exemplar Ulixen* – »Wiederum, was Tüchtigkeit und Klugheit vermögen, dafür stellte uns Homer Odysseus als nützliches Muster vor Augen«[27] – der Dulder Odysseus habe dem Gesang der Sirenen und dem Zauber der Kirke widerstanden.

Die Phäaken wiederum und die prassenden Freier der Penelope galten Horaz als Abbilder des zeitgenössischen, ohne sittliche Ideale dahinlebenden Genußmenschen: »Wir sind nur Zahl, geschaffen, Früchte zu verzehren, die Windbeutel, die um Penelope warben.«[28] Der Rest des Briefes, eine zünftige Mahnrede zur Tugend, zieht aus der moralisierenden Interpretation der homerischen Epen die Konsequenzen: man beginne sofort, an sich zu arbeiten (*sapere aude*: diese durch Kant berühmten Worte fallen hier[29]); man suche sich vom Streben nach Besitz, von der Genußsucht, von den Leidenschaften zu befreien.

Horazens Brief führt vor, was Plutarch meint, wenn er fordert, daß es bei jedweder Dichterlektüre das Gute vom Bösen, das Mustergültige vom Verwerflichen zu trennen gelte, und auch dort ist vorausgesetzt, daß ein zeitloses System von Normen – in diesem Falle das der stoischen Ethik – eine derartige Nutzanwendung von Dichtungen aus ferner Vergangenheit erlaube. Was Horaz an einem Beispiel in actu zeigt, wird von der Dichtungstheorie allgemein als Wirkungszweck dichterischer Erzeugnisse registriert. Daß Dichtung nur belehren solle, wie die Sophisten und Platon verlangt hatten, scheint allerdings in nacharistotelischer Zeit von niemandem mehr behauptet worden zu sein; wohl aber gab es Anhänger eines rein hedonistischen Ästhetizismus. Zu ihnen gehörte Eratosthenes, der Geograph, der sich auch als Dichter und Literaturkritiker betätigte: er behauptete pointiert, daß die Poesie Vergnügen bereiten und nicht belehren wolle.[30] Und offenbar haben sich auch Epikureer mit Entschiedenheit zur Autonomie dichterischer Erzeugnisse, zum Unterhaltungszweck als der einzigen raison d'être von Poesie bekannt.[31] Die wohl gängigste Auffassung besagte indes, daß gute Dichtung beides zu bewirken imstande sein müsse, sowohl Vergnügen als auch moralischen Nutzen. So soll Neoptolemos von Parion, ein Gelehrter des 3. Jahrhunderts v. Chr., erklärt haben, der vollkommene Dichter müsse, wenn er Höchstes leisten wolle, den Hörern, außer daß er auf ihr Gemüt wirke, auch gute Lehren geben, und Homer pflege sowohl zu erfreuen als auch zu nützen.[32] Die *Poetik* des Neoptolemos hat der horazischen *Ars poetica* – nach der *Poetik* des Aristoteles das wirkungsmächtigste dichtungstheoretische Werk der Antike – als Quelle gedient, und dort findet man jene pointierten Zusammenfassungen der Lehre vom doppelten Zweck der Dichtung, die zu geflügelten Worten geworden sind: *Aut prodesse volunt aut delectare poetae* – »Entweder wollen sie nützen oder erfreuen, die Dichter« und: *Omne tulit punctum, qui miscuit utile dulci*[33] – »Alle Stimmen gewinnt, wer das Nützliche mischt mit Vergnügen.« Außerdem enthält die *Ars poetica* einen Preis der Dichtkunst, der die beiden Wirkungszwecke als Ergebnis der geschichtlichen Entwicklung erscheinen läßt. Wenn es heiße, sagt Horaz,[34] Orpheus habe Raubtiere gezähmt, Amphion, der mythische Gründer von Theben, Felsen in Bewegung gesetzt, dann deute man mit diesen Bildern auf das kulturstiftende Amt der Dichter. Später habe die Poesie zur Tapferkeit angespornt, der Prophetie gedient und der richtigen Lebensführung den Weg gewiesen, und schließlich sei entdeckt worden, daß sie auch dem Zeitvertreib dienen könne, der Erholung nach langer Arbeit.

Illud admoneo: auditionem philosophorum lectionemque ad propositum beatae vitae trahendam, non ut verba prisca aut ficta captemus et translationes improbas figurasque dicendi, sed ut profutura praecepta et magnificas voces et animosas, quae mox in rem transferantur – »Das verlange ich: daß alles Zuhören und Lesen derer, die sich um Philosophie bemühen, auf das Ziel des glücklichen Lebens gerichtet sei, nicht daß wir obsoleten oder neugebildeten Wörtern nachjagen und gewagten bildlichen Ausdrücken und Stilfiguren, sondern daß wir auf heilsame Lehren und große, hochgemute Sentenzen aus sind, die sich alsbald in die Tat umsetzen lassen.« So Seneca im 108. Brief an Lucilius;[35] er faßt in diesem Satz eine ergötzliche Partie zusammen, welche drei Arten des Umgangs mit Dichtung unterscheidet: die des Philosophen, die des Philologen und die des Grammatikers.[36] Diese Dreiteilung erinnert an Plutarch, der von einem ethischen, einem historischen und einem ästhetischen Interesse an Dichtung weiß, und Seneca illustriert sie auch mit einem ähnlichen Bilde: auf derselben Wiese suche die Kuh das Gras, der Hund den Hasen und der Storch die Eidechse.[37] Bei ihm kommt allerdings das ästhetische Interesse nicht vor: sein Philologe nimmt sich der Realien von Texten an, er entspricht somit dem Historiker bei Plutarch; sein Grammatiker hingegen treibt reine Worterklärung, er repräsentiert somit nach heutiger Ausdrucksweise eine sprachlich-formale Richtung der Philologie. Es kommt ihm indes, wie Plutarch, zuallererst auf die Hervorhebung der philosophischen Betrachtungsweise an, auf den Gegensatz von philosophischem und nichtphilosophischem Umgang mit Dichtung, und um diesen Gegensatz herauszuarbeiten, legt er dar:[38]

»(...) welch mächtigen ersten Schwung brächten die Schulanfänger zu allem Guten mit, wenn jemand sie anfeuerte, wenn jemand sie antriebe. Doch manches wird durch die Schuld der Lehrenden verdorben, die uns anleiten, wie man diskutiert, nicht, wie man lebt, und manches durch die Schuld der Lernenden, die zu ihren Lehrern mit der Absicht kommen, nicht die Seele zu bilden, sondern den Verstand. So ist das, was einmal Philosophie war, zu Philologie geworden. Es macht nämlich viel aus, mit welcher Absicht man an eine Sache herantritt. Wer als künftiger Grammatiker Vergil untersucht, der liest das herrliche Wort ›Es flieht die unwiederbringliche Zeit‹[39] nicht, indem er es so auffaßt: Wir müssen wach sein; wenn wir uns nicht beeilen, dann geraten wir in Rückstand; es treibt uns der flüchtige Tag, und er wird selbst getrieben; ohne dessen gewärtig zu sein, werden wir fortgerissen, alles verschieben wir auf die Zukunft, und inmitten der dahineilenden Zeit sind wir langsam – nein, sondern um die Beobachtung zu machen (liest der künftige Grammatiker Vergil), daß Vergil, sooft er von der Schnelligkeit der Zeit spricht, das Wort ›fliehen‹ verwendet.«

Und zum Beispiel der ciceronischen Schrift *Über den Staat* stellt Seneca fest:[40]

»Der Philosoph wundert sich (bei der Lektüre einer dialektisch angelegten Partie), daß sich so viel zu Ungunsten der Gerechtigkeit vorbringen lasse. Wenn sich aber ein Philologe derselben Lektüre zuwendet, dann schreibt er in einer Anmerkung, es gebe zwei römische Könige, bei denen von dem einen der Vater, von dem anderen die Mutter unbekannt sei. Denn bei Servius Tullius weiß man nichts Zuverlässiges über die Mutter; bei Ancus Martius wird kein Vater genannt – man bezeichnet ihn als den Enkel des Numa Pompilius (...) Wenn schließlich ein Grammatiker dieses Werk erklärt, dann trägt er in seinem Kommentar zuallererst die Wörter zusammen, die auf -pse enden: Cicero sage reapse, was re ipsa bedeute und ebenso sepse im Sinne von se ipse. Dann wendet er sich den Veränderungen des Sprachgebrauchs zu, zum Beispiel in der ciceronischen Passage ›da uns sein Einwand von der Ziellinie (*ab ipsa calce*) zurückgerufen hat‹. Diese Linie im Zirkus nennen wir jetzt *creta* (Kreide), während man früher *calx* (Kalk) sagte.«

Der Lehre vom moralischen Nutzen der Poesie war ein beträchtlicher Nachhall beschieden, der sich übers Mittelalter und über die Renaissance hinweg bis ins 18. Jahrhundert verfolgen läßt. Für das Mittelalter sei auf die meist anonymen *Accessus ad auctores* hingewiesen: ursprünglich Einleitungen von Kommentaren zu einzelnen Autoren, die vom 12. Jahrhundert an zu Sammlungen vereinigt wurden.[41] Sie pflegten ihren Gegenstand nach stereotyp wiederkehrenden Schemata zu behandeln; die wichtigsten Punkte, aus denen diese Schemata bestanden, waren: *vita auctoris, titulus operis, materia operis, intentio scribentis, utilitas, cui parti philosophiae subponatur.* Die Schemata scheinen in letzter Instanz auf den neuplatonischen Philosophieunterricht zurückzugehen; sie wurden dem lateinischen Westen wohl vor allem durch den Vergil-Kommentator Servius und durch Boethius vermittelt. Man wundert sich daher nicht, daß sich das Hauptaugenmerk der *Accessus* stets auf die Frage richtet, welche Möglichkeiten der moralischen Nutzanwendung ein jedes Werk enthalte; diesem Zweck dienen vor allem die Rubriken *materia* (Stoff, Inhalt), *intentio* und *utilitas,* ferner hartnäckig wiederkehrende Versicherungen wie: *Ethicae subponitur, quia tractat de correctione morum* – »Dieses Werk gehört zur Ethik, weil es auf die Verbesserung der Sitten zielt.« Die gesamte von den *Accessus* berücksichtigte Literatur, der Lektürekanon der mittelalterlichen Schule, war so in ein zeitloses System sittlicher Normen eingeordnet.

Der Moralismus der frühen Neuzeit konnte Platon überbieten: der Bußprediger Savonarola sagte den von ihm für schändlich erklärten Schriften der Antike und der Gegenwart den Kampf an; in seinen berüchtigten öffentlichen Bücherverbrennungen ging unter anderem das größte Ärgernis der Epoche, Boccaccios *Dekameron,* in Flammen auf. Solche klerikalen Anfeindungen fanden im 16. Jahrhundert nicht mehr statt; der Streit um den Wert und die Würde der Poesie wurde nur noch mit der Feder ausgefochten. Um so mehr war man bestrebt, die Besserungsfunktion der Dichtung herauszustreichen. So etwa Julius Caesar Scaliger, der in seinen *Poetices libri VII* (erschienen im Jahre 1561) die horazische Dichotomie *aut prodesse volunt aut delectare poetae* mit einer unverkennbaren Akzentverschiebung zugunsten des Nutzens übernahm. »Die Poesie beruht gänzlich auf der Nachahmung«, schreibt Scaliger sofort zu Beginn seines Werkes; »hierin besteht ihr mittelbarer Zweck; letztlich aber zielt sie darauf, in ergötzlicher

Weise zu belehren« – *(ultimus finis,) qui est docendi cum delectatione*.[42] Bei ihm steht somit das Vergnügen wieder im Dienste des Nutzens, wie einst bei Plutarch, und so beruft er sich mit Nachdruck auf die aristophanischen *Frösche*: »Euripides hat sich in den Fröschen (...) zu einer richtigen Auffassung bekannt. Man fragte ihn nämlich, auf welche Fähigkeit sich vor allem die Bewunderung gründe, die man dem Dichter entgegenbringe. Da antwortete er: ›Wenn er sich darauf versteht, nicht ohne Geschick seine Mitbürger zu belehren, damit sie besser werden.‹«[43] Der Dichter belehre durch Handlungen, schreibt Scaliger im Sinne des Horaz und des Plutarch, durch Handlungen, die Verhaltensweisen (*affectus*) darstellen; das Publikum solle die edlen Verhaltensweisen billigen und befolgen, die unedlen hingegen ablehnen und nicht befolgen.[44]

Auch Gottscheds *Critische Dichtkunst* (die vierte Auflage erschien im Jahre 1754) erwies der horazischen Lehre vom doppelten Wirkungszweck der Poesie die seit Jahrhunderten übliche Reverenz; auch sie wußte mit dem Vergnügen wenig anzufangen und insistierte daher auf dem Nutzen. Ihr Aufklärungsmoralismus wagte sich mitunter ziemlich weit in diese Richtung vor: die *Odyssee* habe den Griechen beibringen wollen, »daß die Abwesenheit eines Hausvaters oder Regenten üble Folgen nach sich ziehe, seine Gegenwart aber sehr ersprießlich sei«;[45] der *Ödipus* des Sophokles, eine vollkommen moralische Fabel, zeige, »daß die Vorhersehung der Götter untrüglich sei und durch keine menschliche List und Vorsicht irre gemacht werden könne«.[46] Nach dem Besserungszweck bemißt sich laut Gottsched auch der Umfang der Fabel: eine vollständige Fabel müsse alles dasjenige enthalten, was zu der Sittenlehre, die man vortragen wolle, unentbehrlich sei.[47] Selbst der Prozeß des Hervorbringens einer Dichtung soll, wie Gottsched, der hierin einer Anweisung von Le Bossu folgt, darlegt, von der Moral seinen Ausgang nehmen:[48] »Zuallererst wähle man sich einen lehrreichen moralischen Satz, der in dem ganzen Gedichte zum Grunde liegen soll« – etwa: »Ungerechtigkeit und Gewalttätigkeit wären abscheuliche Laster«; dann müsse man hierzu eine allgemeine Begebenheit, in der eine Handlung vorkomme, ersinnen, und weiterhin gelte es festzulegen, für welche Gattung man diese Erfindung verwenden wolle: man könne eine äsopische, eine komische, eine tragische oder eine epische Handlung daraus machen.

Zurück zur Antike. Die hellenistisch-römische Popularphilosophie hat sich, wie dargetan, mancherlei Gedanken gemacht, wie sich Dichtung als eingekleidete Moral betrachten lasse, zu Nutz und Frommen der Jugend und von jedermann. Nunmehr bleibt noch einiges über den Literaturunterricht nachzutragen, der durchaus nicht so sehr auf sprachliche Formalien fixiert war, wie die Karikatur des 108. Briefes von Seneca behauptet, der sich vielmehr das von den Philosophen fixierte Verfahren der moralisierenden Auslegung mit Eifer zu eigen machte und auf diesem Felde aus heutiger Perspektive eher zu viel als zu wenig des Guten tat.[49]

Das antike Schulwesen war, nachdem es sich entfaltet und die für alle folgenden Jahrhunderte maßgebliche Gestalt gewonnen hatte – also etwa seit hellenistischer Zeit –, dreigeteilt. Der Elementarunterricht beim γραμμαστιτής oder *ludi magister* vermittelte den Kindern (wohl den meisten, obwohl es eine allgemeine Schulpflicht nicht gab) die Fertigkeiten des Schreibens, Lesens und Rechnens. Dann folgten für Knaben aus gehobenem Milieu mehrjährige Lehrgänge beim Grammatiker, beim Philologen, und hieran schloß sich für eine Elite der ebenfalls mehrjährige Rhetorikunterricht an. Diese drei Stufen waren bei den Griechen und Römern gleich, da die Römer das griechische Schulwesen genauestens kopiert hatten. Der einzige Unterschied bestand darin, daß die Griechen den gesamten Unterricht nur in ihrer eigenen Sprache absolvierten, während die Römer sowohl einen lateinischen als auch einen griechischen Grammatiker und Rhetoriklehrer besuchten; sie pflegten sich also auf gleiche Weise in den beiden Hauptsprachen des Reiches auszubilden. Der Philologe, der Lehrer der zweiten Stufe, ließ sich eine Einführung in einige Grundbegriffe der Grammatik und Stilistik angelegen sein; in der Hauptsache aber betrieb er die Lektüre von Schriftstellern: ein bestimmter Kanon von Dichtungen und Prosawerken wurde nach sprachlich-stilistischen, historisch-antiquarischen und ethischen Gesichtspunkten erläutert. Der erwähnte Kanon war ebenso wie das hieran anknüpfende, umfassendere Lektüreprogramm des Rhetorikunterrichts aus einer Fülle von Literaturwerken nicht so sehr nach ethischen wie nach ästhetischen Kriterien ausgewählt. Die Werke, die er schließlich am Ende der Entwicklung enthielt, dürfen daher durchaus den Titel ›klassisch‹ beanspruchen, obwohl die Griechen und Römer selbst diesen Ausdruck nicht gekannt oder nicht so verwendet haben – sie dürfen dies jedenfalls in der römischen Kaiserzeit, nachdem der Klassizismus nach bestimmten stilistisch-ästhetischen Kriterien einen Inbegriff von Autoren aus einer zurückliegenden, eben der ›klassischen‹ Zeit, dazu ausersehen hatte, als Vorbild für die eigene Produktion zu dienen.[50] Unter das hier zur Erörterung stehende Thema ›Dichtung als Norm‹ ließe sich auch diese Erscheinung subsumieren; hier soll indes weiterhin lediglich von der ethischen und nicht auch von der ästhetischen Mustergültigkeit der kanonischen Klassiker, allen voran Homers und Vergils, die Rede sein.

Der Grammatiker, der Schulmeister, mußte sich zuallererst mit einem Problem befassen, das heute noch besteht, so verschieden auch die Toleranzgrenzen zu verschiedenen Zeiten waren. Er muß sich wie unter Ludwig XIV. Bossuet und Huet, als sie ihre Ausgaben ad usum Delphini herstellten, fragen, welche Gattungen, Autoren und Texte für seine Schüler im Alter von etwa vierzehn bis siebzehn Jahren geeignet seien und welche nicht.[51] Hier hat es gewiß recht verschiedene Auffassungen gegeben; doch stets galten Homer und Vergil als die weitaus wichtigsten Autoren. Im griechischen Kanon nahmen dann Euripides und Menander die zweite Stelle ein, im lateinischen Terenz, Sallust und Cicero. Doch die Komödie mit ihren Liebesaffären – also Menander und Terenz – stieß auf Bedenken: Vorsichtige meinten, man solle sie im wesentlichen den reiferen Schülern des Rhetorikunterrichts vorbehalten. Die Gesichtspunkte, die für die Auswahl der Lektüre beim Grammatiker maßgeblich sein konnten, finden sich nirgendwo anders so klar und überzeugend dargestellt wie in der *Institutio oratoria* Quintilians:[52]

»Die jungen Menschen, die alles tiefer beeindruckt, was sich in ihren noch ungeprägten und mit allem unbekannten Seelen festsetzt, sollen nicht nur lernen, was gut formuliert, sondern mehr noch das, was ehrenhaft ist. Daher ist es vorzüglich eingerichtet, daß die Lektüre mit Homer und Vergil beginnt, obwohl es für das Verständnis von deren Vorzügen eines reiferen Urteils bedarf. Doch bleibt hierfür noch Zeit; diese Autoren werden ja nicht nur einmal gelesen. Unterdessen mag sich der Geist an der Erhabenheit des Heldenliedes steigern, er mag an der Größe des Geschehens wachsen und sich vom Besten durchdringen lassen. Nützlich sind die Tragödien; auch die Lyriker lohnen sich, wenn man dort nicht nur unter den Autoren, sondern auch innerhalb des Werkes eine Auswahl vornimmt; denn die Griechen bringen viel Schlüpfriges, und auch Horaz hat manches, das ich nicht interpretieren möchte. Die Elegie jedoch, zumal die Liebeselegie, (…) lasse man, wenn möglich, beiseite, oder man behalte sie jedenfalls einer reiferen Altersstufe vor. Welchen Nutzen für die Knaben ich der Komödie zuweise, die sehr viel zur Beredsamkeit beitragen kann, da sie alle Typen und Affekte darstellt, werde ich später an passender Stelle sagen; denn wenn die Sittlichkeit nicht mehr gefährdet ist, dann sollen die jungen Leute zuallererst Komödien lesen.«

Der Unterricht beim Grammatiker lehrte das richtige, metrisch getreue, auf Verständlichkeit zielende Lesen; er führte in die Autoren und ihre Werke ein; er erklärte Archaismen oder aus anderen Gründen schwierige Wörter, die bei der Lektüre vorkamen; er verschaffte Einblick in die jeweils vorausgesetzten historischen oder mythischen Zusammenhänge und ließ es sich schließlich auch angelegen sein, auf ästhetische oder ethische Gegebenheiten hinzuweisen. Bei alledem wurde sowohl Text- als auch Sachkritik betrieben: kein Autor war gänzlich dagegen gefeit, daß man ihm Fehler und Unstimmigkeiten vorwarf. Der Kyniker Zoilos zog sich durch seine Exzesse auf diesem Felde den Spitznamen ›Homergeißel‹ (Ὁμηρομάστιξ) zu, und selbst Horaz erlaubte sich die Bemerkung, daß auch Homer bisweilen schlafe.[53] Vergil erging es nicht besser; man fand an ihm insbesondere auszusetzen, daß er so viel von seinem Vorbild Homer übernommen habe. In aller Regel aber bemühten sich die Grammatiker, die Vorzüge der von ihnen behandelten Texte zu verdeutlichen, auch in Fragen der Sitte und der Schicklichkeit.

Chryses, ein Apollonpriester in einer mit Troja verbündeten Stadt, kommt – so der Anfang der *Ilias* – ins Lager der Griechen, seine gefangene Tochter loszukaufen, die dem Agamemnon als Beutestück zugefallen war. Agamemnon wies ihn schroff zurück; er betete darauf zu Apollon, die Griechen zu bestrafen, und der Gott willfahrte ihm, indem er die Griechen durch eine Seuche heimsuchte. Hierzu bemerkt ein Kommentator:[54]

»Der Dichter lehrt, was ein reines Gebet bewirkt. Aigisth hingegen zeigt, daß ein abscheuliches Opfer nutzlos ist.«

Agamemnon gibt die Chrysestochter frei, verlangt aber von Achill Ersatz. Achill aber schwört, sich nicht mehr am Kampf gegen Troja zu beteiligen, er schwört bei seinem Zepter, wie es die Richter tragen, »die, von Zeus beauftragt, die Satzungen wahren«. Zu diesem ausschmückenden Beiwerk verlautet:[55]

»Der Dichter fordert die Amtsinhaber zur Gerechtigkeit auf, da Zeus ihnen das Recht anvertraut und sie sich, wenn es zuschanden wird, vor Zeus verantworten müssen.«

Im 2. Buch findet vor der Schlacht ein Mahl statt; Agamemnon schlachtet einen fünfjährigen Stier und lädt die Fürsten zum Schmause ein: Nestor, Idomeneus und einige andere. Menelaos hingegen, der Bruder, kommt von selbst: er wußte, daß Agamemnon das Mahl vorbereitete. Hier loben die Kommentare die wohlüberlegte Reihenfolge der Geladenen:[56] Nestor als der Älteste an der Spitze usw. Menelaos aber habe ungeladen erscheinen dürfen; er war ja der Bruder. Die Begründung indes, daß er von den Vorbereitungen gewußt habe, sei überflüssig – folglich müsse der Vers als unechte Zutat gestrichen werden. Dieses Beispiel illustriert die Bedeutung, die man dem πρέπον oder *decorum*, dem Passenden und Schicklichen beimaß, einer Kategorie, die der Rhetorik entstammte und seit hellenistischer Zeit auch in der Literaturkritik eine erhebliche Rolle spielte.

Aus Vergil, meinte Tiberius Donatus, Verfasser eines Kommentars zur *Aeneis*, könne jedermann lernen, wozu er verpflichtet sei: dem Vaterland, den Göttern, den Freunden gegenüber. Die *Aeneis* beginnt mit einem Sturm, der die Flotte der Trojaner an die Küste Afrikas treibt. *Extemplo Aeneae solvuntur frigore membra*, heißt es nunmehr, »Alsbald lösen sich Aeneas in lähmendem Frost die Glieder.« Man tadelte den Dichter, weil er seinen Helden sich so unheroisch gebärden lasse, doch der Kommentator Servius weiß ihn zu rechtfertigen. Er leitet aus der Tatsache, daß einige Verse zuvor vom Geschrei der Mannen die Rede ist, eine wohlüberlegte Disposition des Dichters ab: Aeneas zeige sich ja als letzter vom

Wüten des Sturmes betroffen.[57] Als die Trojaner in einer schützenden Bucht gelandet sind und eine Mahlzeit vorbereiten, besteigt Aeneas einen Fels, um nach verschollenen Gefährten Ausschau zu halten; hier beachte Vergil, schreibt Servius, daß sich Standespersonen an niedrigen Tätigkeiten nicht beteiligen dürfen.[58] Zu Beginn des 6. Buches rüttelt die Sibylle den Helden mit den berühmten Worten auf: *Tu ne cede malis, sed contra audentior ito, quam tua te fortuna sinet*[59] – »Weiche nicht den Widrigkeiten, sondern gehe ihnen mutiger entgegen, als dein Geschick dir erlaubt.« Hierzu bemerkt Servius:[60] »Vortrefflich belehrt uns der Dichter, daß man das Unglück durch Heldenmut vermeiden oder verringern oder gelassen hinnehmen kann.«

Das zuletzt genannte Beispiel, wie manches andere Wort der Aeneis ein Reflex stoischer Ethik, führt auf eine Erscheinung, die man nicht gering veranschlagen darf, wenn man sich mit der in der Antike überaus verbreiteten Gepflogenheit befaßt, Dichtung als normgebende Instanz zu betrachten.[61] Es hatte schon immer Poesie gegeben, die exakt so aufgefaßt werden wollte: Sprüche und seit Hesiod als eigene Gattung das sogenannte Lehrgedicht. Und dann kam noch die Doktrin auf, daß Dichtung die Aufgabe habe, die Menschen zum richtigen Handeln anzuleiten – diese Doktrin aber hat unverkennbar auf die literarische Praxis zurückgewirkt. Die Dichter pflegten sich jedenfalls seit hellenistischer Zeit gründlich mit Philosophie zu befassen, und zumal die Römer verschrieben sich nicht selten ethischen Maximen sei es platonischer, sei es stoischer, sei es epikureischer Provenienz. Diese Verhältnisse blieben nicht ohne Folgen für die literarische Produktion. Schon das Werk des Euripides spiegelt die geistigen Strömungen seiner Zeit, die Sophistik und die Sokratik. Auf grundsätzlichere Weise sind die Komödien Menanders von der Philosophie geprägt: ihre Art der Menschendarstellung verweist auf die ethischen und charakterologischen Lehren des Aristoteles-Schülers Theophrast, bei dem Menander studiert hatte. Bei den Römern häufen sich normative Züge. Das Lehrgedicht erlebt eine neue Blüte: Lukrez kündet den epikureischen Glauben als Heilmittel gegen Götter und Todesfurcht; die *Georgika* Vergils erinnern mahnend an das harte, schlichte Bauerndasein als die Bedingung römischer Größe. Horaz hat eine nicht geringe Anzahl paränetisch gefärbter Oden geschaffen, in denen sich die philosophischen, zumal stoischen Motive mit Händen greifen lassen, und erst recht bekunden seine Satiren und Episteln sein ethisches Engagement. So geht es weiter: Manilius, der Verfasser eines astrologischen Lehrgedichts (unter Tiberius), der Satiriker Persius und der Epiker Lukan bekennen sich, jeder auf seine Weise, zu ihrer von der Stoa geprägten philosophischen Weltanschauung. Diese Hinweise sollen dem trivialen Moralismus der von Popularphilosophen und Grammatikern praktizierten Dichtererklärung keinen Freibrief ausstellen. Sie zeigen indes, daß man das appellierende Moment, das antiker Dichtung inhärieren kann, und damit die Berechtigung einer hierauf Bedacht nehmenden Auslegung nicht zu gering veranschlagen darf – was die teils historisierende, teils ästhetisierende Betrachtungsweise der beiden letzten Jahrhunderte nicht selten getan hat.

Daß die hier skizzierten Gegebenheiten nicht auf die Studierstube des Philosophen und auf die Schulstube des Grammatikers beschränkt blieben, läßt sich aus einer Gepflogenheit ersehen, die von Kaiser Augustus überliefert ist. Es heißt nämlich bei dessen Biograph Sueton:[62]

»Bei der Lektüre von Schriftstellern beider Sprachen war er auf nichts so erpicht wie auf Regeln und Vorbilder, die sei es der Allgemeinheit, sei es einzelnen förderlich sein konnten; er schrieb sie wörtlich ab und schickte sie häufig an seine Hausleute oder an die Truppenbefehlshaber und Provinzialstatthalter, je nachdem sie einer

Ermahnung bedurften. Auch ganze Schriften ließ er im Senat vor-
lesen und machte sie oft dem Volke durch Erlaß bekannt, wie zum
Beispiel die Reden des Quintus Metellus (...) und des Rutilius (...),
um desto überzeugender darzutun, daß deren Gegenstände nicht erst
von ihm ins Auge gefaßt seien, sondern schon vor alters Beachtung
gefunden hätten.«

III.

Der Beruf des akademisch gebildeten Lehrers ist ein Produkt
der Aufklärung, der zweiten Hälfte des 18. Jahrhunderts: bis
dahin hatten im wesentlichen Theologen – meist angehende,
die auf eine Pfarrstelle warteten – das für ein Universitätsstudium erforderliche Wissen vermittelt. Gegenstand dieser Bildung war das Altertum, die Literatur, Kunst und Geschichte
der Griechen und Römer, ein Inbegriff von Wissen, der im
Unterschied zur bis dahin maßgeblichen Tradition alles
Christliche ausschloß. Wer darin eingeführt werden wollte,
hatte sich vor allem mit den beiden antiken Sprachen und
einem neuen Kanon mustergültiger Autoren bekannt zu machen. Die an der Antike orientierte Bildungsbewegung, für die
sich der Name Neuhumanismus eingebürgert hat, erreichte,
daß das Griechische, das zuvor nur an wenigen Schulen eine
Heimstatt hatte, im Laufe des 19. Jahrhunderts in ganz Europa
fester Bestandteil des gymnasialen Lehrplans wurde; sie reduzierte andererseits das lateinische Lektüreprogramm auf die
Zeit von Plautus und Terenz bis Tacitus, wobei sie nicht nur
von den Kirchenvätern, sondern auch von den Autoren der
sogenannten silbernen Latinität, von einem Lukan oder Seneca, weithin absah – von Autoren, die vor ihrem klassizistischen Geschmacksurteil nicht zu bestehen vermochten. Zur
Einrichtung des neuen Lehrstandes hat wohl niemand so wir-
kungsvoll beigetragen wie Friedrich August Wolf. Er beharrte

darauf, daß er an der Göttinger Universität als Philologiae studiosus eingeschrieben wurde, und er gründete, als er an der Universität in Halle eine Professur für Philosophie und Pädagogik erhalten hatte, im Jahre 1787 ein philologisches Seminar – hiermit, mit einem eigenen Studiengang und Studienabschluß, war die Trennung des Schulmeisters vom Prediger endgültig vollzogen.

Wolf hat auch die maßgebliche Programmschrift der neuen Disziplin verfaßt: die »Darstellung der Alterthumswissenschaft«,[63] die während des Winters 1806/07 entstand und Goethe, dem »Kenner und Darsteller des griechischen Geistes«, zugeeignet wurde. Sie gibt einen enzyklopädischen Überblick über die Vielfalt der philologischen, historischen und archäologischen Teilbereiche, deren Gesamtheit als ›Altertumswissenschaft‹ die Antike, die Zeit von Homer bis zur Völkerwanderung, erforschen sollte. Wolfs Programmschrift enthält sowohl geschichtsphilosophische, spekulative als auch positivwissenschaftliche Elemente. Sie huldigt einerseits, hierin durch Wilhelm von Humboldt beeinflußt, dem national gefärbten deutschen Griechenglauben der Zeit: die Altertumswissenschaft solle durch die Beschäftigung mit der Größe und Schönheit der Antike den Geist der deutschen Nation befruchten, der wie kein anderer berufen sei, das Erbe der Griechen anzutreten; sie solle so die ersehnte Menschheitsform verwirklichen helfen, als deren Archetyp man Goethe betrachten müsse. Die Programmschrift bekundet andererseits die Axiomatik des von Winckelmann und Herder inaugurierten Historismus: es sei eine der vornehmsten Aufgaben des Altertumsforschers, lehrte Wolf, die antike Kultur und alle ihre Erscheinungen in ihrer Eigenart zu verstehen und überall des Besonderen habhaft zu werden, des individuellen Charakters von Künstlern und Denkern, Zeiten und Völkern. Die Menschen der Antike seien durch Denkart, Sitten und Lebensweise von denen der Moderne beträchtlich unterschieden, und deshalb böten auch ihre Sprachen desto ungewohntere Ansichten der Dinge, desto eigentümlichere Vorstellungen dar; während die jetzigen Kultursprachen durch einen gewissen Neo-Europäismus wie zu *einem* Idiom vereinigt würden, vermittelten uns die antiken eine der unsrigen fremde Welt von Ideen und Bezeichnungen. In Übereinstimmung mit Humboldt und Schleiermacher will Wolf gerade diese Fremdheit der antiken Begriffe als befruchtendes Element aufgefaßt wissen: man werde durch sie genötigt, Dinge, die man schon unter anderen Denkformen gekannt habe, von neuen Seiten aufzufassen, so daß man einen bereichernden Vorrat von Mitteln zur Auflösung und Zusammensetzung seiner eigenen Ideen erhalte.

Wolf hat seine Prinzipien häufiger praktisch angewandt als theoretisch formuliert, er hat keine Hermeneutik, kein System seiner überaus differenzierten Interpretationskunst hinterlassen. Hier ist sein Schüler August Boeckh in die Bresche gesprungen, dessen Vorlesung »Enzyklopädie und Methodenlehre der philologischen Wissenschaften« im Jahre 1877 – zehn Jahre nach seinem Tod – zum ersten Male gedruckt erschien;[64] sie blieb bis auf den heutigen Tag die letzte aufs Grundsätzliche gerichtete Selbstreflexion der klassischen Philologie. Boeckhs berühmte Formel, daß die Philologie auf das Erkennen des Erkannten ziele, besagt nicht, daß sich die Erkenntnisse des Philologen damit begnügen sollten, die Erkenntnisse des jeweiligen Autors zu reproduzieren. Boeckh fordert vielmehr, daß sich das philologische Erkennen von seinem Ausgangspunkt, dem Erkennen des Autors, qualitativ unterscheide: der Philologe erkennt auch, was objektiv, aber ohne Absicht des Autors im Werke enthalten ist; er transponiert alles durch künstlerische Mittel Ausgedrückte in seine begriffliche Sprache und sucht auf induktivem Wege das Vereinzelte und Zerstreute auf Grund von objektiven Merkmalen zu einem Ganzen, zur Einheit zusammenzuschließen. Diese Thesen schreiben dem Philologen Begrifflichkeit und Distanz und damit auch die Aufgabe vor, jedes einzelne Werk in die übergreifenden Zusammenhänge einzuordnen, die es bedingt haben, und zwar unabhängig von der notgedrungen mehr oder minder eingeschränkten Sicht des Autors selbst.

Boeckh hat ein hermeneutisches Schema zusammengestellt, dessen vier Arten der Auslegung alle Bedingungen des Verständnisses zu erfassen beanspruchen: die grammatische, die historische, die individuelle und die generische Interpretation.[65] Unter der historischen Interpretation will Boeckh die Einbeziehung der von einem jeden Text vorausgesetzten konkreten Wirklichkeit verstanden wissen – zum Beispiel: ›König‹ bedeutet bei Homer und in der attischen Demokratie etwas je Verschiedenes –, nicht aber die Rücksicht auf die jeweilige Epoche, d. h. auf die Merkmale, die allen oder vielen Literaturwerken eines Zeitalters ein gemeinsames Gepräge verleihen. Demgemäß läßt Boeckh auch die Literaturgeschichte im wesentlichen nur durch die drei Kategorien Nation, Gattung und Individuum bestimmt sein; auch in dieser etwas einseitig an der Gattung haftenden Definition fehlt die Epoche. Boeckh findet indes in seinen Erläuterungen zur individuellen und zur generischen Interpretation über die Grenzen derartiger Formeln hinaus: »Ferner ist der Stil eines Schriftstellers«, heißt es einmal, »durch das Zeitalter bestimmt, in welchem er schreibt«, und ein ander Mal sucht Boeckh darzutun, daß man die Art, in der ein Demosthenes den Stoff seiner Reden bearbeite, nur zu würdigen vermöge, wenn man sein ganzes Zeitalter genau kenne.[66] Derlei Hinweise lassen vermuten, daß auch Boeckh das individuelle Literaturwerk als Kreuzpunkt von Epoche und Gattung verstanden wissen wollte.

Nach Boeckh hat die klassische Philologie keinen erheblichen Beitrag zur Hermeneutik des Historismus mehr geleistet; an der weiteren Entwicklung, die über Dilthey zu Gadamer und Habermas und somit zur Überwindung der objektivistischen Restbestände der älteren Theorie führte, nahm sie, wenn überhaupt, nur rezipierend Anteil,[67] und ihre programmatischen Umorientierungen, etwa die von Werner Jaeger proklamierte, die den Namen ›Dritter Humanismus‹ erhielt, galten kaum ihrer Methodik und um so mehr ihrer Dogmatik, ihren vornehmlich pädagogischen Zielsetzungen. Doch hierauf kommt es in diesem Zusammenhang weniger an als auf die Tatsache, daß die klassische Philologie, die Siegelbewahrerin der aus der Antike überkommenen Literaturen, an der entscheidenden Wende, am Übergang von der Aufklärung zum Historismus und zur Romantik, vollauf partizipiert, ja diese Wende maßgeblich herbeizuführen geholfen hat. Hans Georg Gadamer hat nämlich aus der Wende zum Historismus gewichtige Konsequenzen abgeleitet: für alle historisch-philologischen Disziplinen und zumal für die klassische Philologie. Er geht von einer hermeneutischen Theorie des Pietismus aus, die drei Momente unterschieden habe: die *subtilitas intelligendi* – das Verstehen, die *subtilitas explicandi* – das Auslegen und die *subtilitas applicandi* – das Anwenden.[68] Die Hermeneutik des Historismus, fährt er fort, habe nun einerseits die innere Einheit des *intellegere* und des *explicare* erkannt: daß Auslegen nicht ein zum Verstehen akzidentell hinzukommender Akt, sondern die explizite Form des Verstehens sei. Diese Einsicht aber habe andererseits mit sich gebracht, daß das dritte Moment, die Applikation, ganz aus dem Zusammenhang mit den beiden anderen Momenten herausgedrängt worden sei. Das historische Bewußtsein des 18. und 19. Jahrhunderts habe hiermit die historisch-philologische Hermeneutik aus dem Verbande der übrigen hermeneutischen Disziplinen, der Theologie und der Jurisprudenz, gelöst und als Methodenlehre der geisteswissenschaftlichen Forschung ganz für sich gestellt. »Die enge Zusammengehörigkeit«, schreibt Gadamer weiterhin, »die ursprünglich die philologische Hermeneutik mit der juristischen und theologischen verband, beruhte aber auf der Anerkennung der Applikation als eines integrierenden Momentes allen Verstehens. Sowohl für die juristische Hermeneutik wie für die theologische Hermeneutik ist ja die Spannung konstitutiv, die zwischen dem gesetzten Text – des Gesetzes oder der Verkündigung – auf der einen Seite und auf der anderen Seite dem Sinn besteht, den seine Anwendung im konkreten Augenblick der Auslegung erlangt, sei es im Urteil, sei es in der Predigt. Ein Gesetz will nicht historisch verstanden werden, sondern soll sich in seiner Rechtsgeltung durch die Auslegung konkretisieren. Ebenso will ein religiöser Verkündigungstext nicht als bloßes historisches Dokument aufgefaßt werden, sondern er soll so verstanden werden, daß er seine Heilswirkung ausübt.«

Gadamer hält die Verdrängung des applikativen Moments für ein bloßes Bewußtseinsphänomen; er glaubt, daß sich die historisch-philologische Hermeneutik irre, wenn sie meine, keinerlei Applikation zu enthalten, daß sie ihre eigenen Prämissen nicht konsequent zu Ende denke: ihre Applikation besteht nach Gadamer darin, daß sie ausdrücklich und bewußt den Zeitenabstand überbrücke, der den Interpreten vom Texte trennt, und die Sinnentfremdung überwinde, die dem Texte widerfahren ist: so diene auch sie der Geltung von Sinn. Diese Auffassung mag insoweit zutreffen, als auch der Historismus nicht unbedingt ausschließt, daß die in seinem Namen vollzogene Interpretation vergangener Normativität deren Verbindlichkeit auch für die Zeit des Interpreten anerkennt und bestätigt; im allgemeinen aber ist die philologisch-historische Hermeneutik die Besiegelung eines Kompromisses: wer sich auf sie einläßt, verzichtet auf die unmittelbare Applikabilität vergangener Normen, um dafür eine mittelbare Teilhabe an ihnen einzuhandeln – in dem Sinne, daß man sie auf Grund der Rekonstruktion ihrer historischen Voraussetzungen ›versteht‹ und nicht einfach für lächerlich oder abscheulich halten muß.

Der Historismus hat eine Tradition der normativen Auslegung von Literatur außer Kurs gesetzt, die sich von der griechischen Sophistik bis zur Aufklärung behauptet hatte, wobei sich die Normen, die man in der Literatur bestätigt finden wollte, änderten, das Prinzip selbst jedoch unangefochten blieb. Im 19. Jahrhundert war es vorbei mit der von Philosophen, Literaturkritikern und Schulmeistern immer wieder bekräftigten Maxime, daß wahre Dichtung nützlich sei, da sie durch anspornende und abschreckende Beispiele der Lebenspraxis jedes einzelnen diene. Die Fremdheit, die der Historismus erzeugte, indem er sie bewußt machte, senkte sich wie ein Schleier zwischen die Dichtungen der Vergangenheit und die Gegenwart des Rezipienten; sie gab die gesamte moralische Exegese der Lächerlichkeit preis – die Exegese, die Plutarch und viele andere vor ihm und nach ihm geübt hatten. Jetzt erst begann die Philologie sich so zu verhalten, wie Seneca sie in seinem 108. Briefe geschildert hatte: sie verzichtete auf die philosophische, d. h. auf die moralische Dimension, so daß sie sich nur noch von jenen anderen beiden Interessen leiten ließ, die Plutarch genannt hatte: vom historischen und vom ästhetischen, wobei das historische Interesse nunmehr in einem neuen, radikalen, das Ganze menschlicher Verhältnisse umfassenden Sinne gegenwärtig war.

Der Verzicht auf die moralische Applikation gab den Blick frei auf die Schönheit und erhöhte so den ästhetischen Genuß: an keinem antiken Dichter läßt sich dieser Umschlag so gut verdeutlichen wie an Homer, der ja neben dem Alten Testament den Hauptanstoß zur Entdeckung der Fremdheit als der leitenden Kategorie des Historismus gegeben hat. Mit Homer war es vom 16. Jahrhundert an sonderbar zugegangen: man entdeckte in ihm Fehler über Fehler; die Kritiker, die ihn geißelten, gewannen nunmehr die Oberhand, wobei sie nicht müde wurden, Vergil als den ungleich viel besseren Dichter gegen ihn auszuspielen.[69] Als besonders rügenswert galten damals, im höfischen Zeitalter, die Verletzungen ständischer Konventionen, die sich Homer habe zuschulden kommen lassen, und das Kriterium der Standesgemäßheit war der vornehmste Grund dafür, daß man den ›kultivierten‹ Vergil höher schätzte als den ›rohen‹ Homer. So beanstandete man, daß die *Ilias* den Helden Aias mit einem störrischen Esel vergleiche: der Esel sei doch ein gemeines Tier.[70] Die angebliche Primitivität des homerischen Zeitalters mußte die anstößige Tatsache erklären, daß sich die Prinzessin Nausikaa eigenhändig ihrer Wäsche annimmt.[71] Oder man empfand es als deplaciert, daß sich Odysseus oder Telemach ungeniert unter das gewöhnliche Volk mischen.[72] Mit besonderem Nachdruck zollte die *Poetik* Scaligers dieser *decorum*-Thematik den zeitgemäßen Tribut. Vergil unterscheide sich, schreibt er einmal, von Homer wie eine vornehme Dame von einem gemeinen und plumpen Weibsstück.[73] »Venus wird von sterblicher Hand verwundet«, stellt er fest, »– meinetwegen. Doch daß auch Mars verwundet wird, wer kann das ertragen? Und dann läßt Homer ihn gar stöhnen und schreien.«[74] Diese Art von Kritik, zu Beginn des 18. Jahrhunderts noch omnipräsent, wurde um die Jahrhundertmitte allmählich zurückgenommen und widerlegt: durch Werke der sogenannten englischen Präromantik – durch die *Enquiry into the Life and Writings of Homer* von Blackwell sowie durch den *Essay on the Original Genius of Homer* von Wood[75] – und sodann durch den Historismus. Blackwells *Enquiry* unternahm einen ersten Versuch, das homerische Zeitalter unter Verzicht auf von außen angelegte Maßstäbe aus sich selbst zu verstehen, und Woods *Essay* bemühte sich, die Sitten und Charaktere der homerischen Helden durch die Analogie der zeitgenössischen Beduinen begreiflich zu machen. Die hermeneutischen Kriterien des Historismus bewirkten also nicht nur einen Verlust, sondern auch eine Befreiung.

Gadamer behauptet an einer anderen Stelle seines großen hermeneutischen Werkes,[76] daß der deutsche Klassizismus versucht habe, die historische Dimension mit der normativen zu vermitteln, und eben dieses normative Element liege der Idee des ›humanistischen Gymnasiums‹ bis zur Gegenwart zugrunde. Dem ist zuzustimmen, und wenn soeben gesagt wurde, daß der Historismus eine Tradition der normativen Auslegung von Literatur außer Kurs gesetzt habe, die von der griechischen Sophistik bis zur europäischen Aufklärung im Schwange gewesen sei, dann bedarf diese Behauptung einer nicht unerheblichen Modifikation. Man muß berücksichtigen, daß sich gleichzeitig mit dem Wandel der hermeneutischen Kategorien eine wichtige institutionelle Veränderung im Bildungswesen vollzogen hat: das seit dem ausgehenden 18. Jahrhundert obligatorische Abitur zog einen scharfen Trennungsstrich zwischen Gymnasium und Universität, und Gymnasialpädagogik und Universitätswissenschaft begannen alsbald auseinanderzudriften. Die von Gadamer bedauerte Verkürzung des hermeneutischen Instrumentariums, der Rückzug aus der Applikation, war vornehmlich ein Merkmal der auf der Universität betriebenen philologisch-historischen Wissenschaft, die sich schon bald keinen Deut mehr um den hehren Auftrag kümmerte, den Wolf ihr in seiner Programmschrift erteilt hatte.

Die Gymnasialpädagogik, die gymnasiale Altphilologie also, die während des 19. Jahrhunderts mit den Fächern Latein und Griechisch ungefähr die Hälfte aller zu Gebote stehenden Unterrichtsstunden beanspruchte, mochte und durfte auf die Applikation oder zumindest auf die Applikabilität des von ihr vermittelten Wissens nicht verzichten – wie hätte sie sonst inmitten der Triumphe des technisch-industriellen Zeitalters bestehen und als ihr Motto künden können: *Non scholae, sed vitae discimus*? Die Gymnasialpädagogik gab allerdings die Alltagsmoral preis, und sie behauptete nicht mehr, daß den Texten, die sie der Jugend nahebrachte, verbindliche Normen für das Verhalten im Privatleben abgewonnen werden könnten: insoweit bestätigte auch sie den Bruch, den der Historismus bewirkt hatte. Andererseits aber hat sie, auf sich selbst gestellt und von der Universitätswissenschaft kaum gefördert, als eine Praxis also, die sich nicht auf eine Theorie stützen konnte, im wesentlichen dreierlei bewirkt: sie hat das Lernen gelehrt, d. h. durch Stetigkeit und konsequentes Fortschreiten von Stufe zu Stufe zu Ausdauer, Fleiß, Konzentrationsfähigkeit und ähnlichen formalen Tugenden angehalten; sie hat dem Bürgertum einen genau fixierten Standard von Allgemeinbildung vermittelt, und sie hat schließlich, und zwar desto mehr, je weiter das Jahrhundert fortschritt, ihren Zöglingen eine bestimmte Imprägnierung zuteil werden lassen, die man wohl richtiger als ›ideologisch‹ denn als ›moralisch‹ klassifiziert.

Die Allgemeinbildung war eher ein kognitives als ein moralisches Phänomen; sie hatte wohl vor allem eine kommunikative Funktion. Sie machte den gehobenen Mittelstand ganz Europas mit einem im wesentlichen der Antike entstammenden Repertoire von Begriffen und Formeln, von exemplarischen Situationen und Figuren vertraut, d. h. mit einer Fülle von Chiffren, durch die man sich mühelos über Probleme der eigenen Lebenswelt verständigen konnte – trotz der Barrieren, die der Historismus errichtet hatte. Der Prägestock der altsprachlichen Bildung war bis zum Beginn des 20. Jahrhunderts, solange es keinen anderen Zugang zum Universitätsstudium gab, allen gemeinsam: Pfarrern, Ärzten, Ingenieuren; Franzosen, Deutschen, Russen; Konservativen, Liberalen, Sozialisten. »Ein scheinbar befremdlicher, in Wahrheit plausibler Gedanke«, schreibt Walter Jens hierzu,[77] »das Pantheon des 19. Jahrhunderts, bevölkert von Männern, zwischen denen es im Raum der Politik keine Gemeinsamkeit gab, (...) und alle hatten genau die gleiche Bildung genossen, alle die gleichen Texte gelesen: das gab ihnen die Möglichkeit, sich einander noch in schroffster Gegnerschaft auf gemeinsamer Basis verständlich zu machen.«

Während man den Kollaps der bürgerlichen Allgemeinbildung, der sich in den Dezennien nach der Mitte des 20. Jahrhunderts erstaunlich rasch vollzogen hat, eher bedauern muß, kann man das Verschwinden des an dritter Stelle genannten Effekts der humanistischen Gymnasialpädagogik mit Aufatmen konstatieren: das Verschwinden der Anleitung zu einem hypertrophen Nationalgefühl.[78] Hieran hatten sich gewiß alle Völker Europas, die großen wohl mehr als die kleinen, und alle Schulgattungen beteiligt: es gab dort zumal gegen Ende des 19. Jahrhunderts und erst recht im Zeitalter der Weltkriege keinen wichtigeren Inhalt als den nationalen Gedanken, den Nationalstaat, und die Literatur, die Dichtung, die als maßgebliche Objektivation des Charakters oder ›Geistes‹ der Nation galt, diente zuallererst der Feier nationaler ›Größe‹, wobei die je eigene Literatur zu unmittelbarer Identifikation auffordern sollte und der politische Gehalt der griechischen und römischen Literatur als anfeuerndes Vorbild hingestellt wurde. Diese Spielart der normativen Applikation von Dichtung, eine, wie gesagt, eher ideologische als moralische Spielart, läßt sich als eine von Jahrzehnt zu Jahrzehnt steigende Tendenz des altsprachlichen Unterrichts an den

Lehrplänen, an den Lesestücken der Elementarwerke und an der Lektüreauswahl ablesen. Die Griechen und vor allem die in Machtdingen erfolgreicheren Römer erhielten die Aufgabe, patriotische Gesinnung einimpfen zu helfen, ihre Geschichte und deren Gestalten wurden heroisiert und als Monument hingestellt, zu dem man ehrfurchtsvoll aufzublicken hatte. So konnte die Beschäftigung mit der Literatur der Antike im Horizont eines metaphysischen Staatsbegriffs und einer zum höchsten Wert gesteigerten Auffassung von der Nation eine kompromißlose und zugleich weltfremde und verführbare Gesinnung erzeugen.

Zur Illustration dieser Entwicklung sei auf die Geschichte der Rezeption der taciteischen *Germania* hingewiesen: diese Schrift hat wie keine zweite aus der Antike den Prozeß des sich steigernden und vergröbernden Nationalismus der Deutschen begleitet und überdies nicht wenig zur Entstehung der Rassenideologie beigetragen. Sie wurde schon in humanistischer Zeit der Applikation auf aktuelle Probleme dienstbar gemacht, zum Beispiel von Giovanni Antonio Campano, dem päpstlichen Legaten beim Reichstag zu Regensburg im Jahre 1471.[79] Es ging um die Türkennot; Campano beschwor die deutschen Fürsten, um des Kampfes gegen die Türken willen von allen inneren Fehden abzulassen. Er stellte hierbei deren angebliche Vorfahren, die Germanen, als verpflichtendes Vorbild hin und mobilisierte zu diesem Zwecke antike Quellen, darunter die *Germania*, um eine ruhmreiche Vergangenheit als maßgebliche Instanz für das in der Gegenwart erforderliche Handeln erscheinen zu lassen.

Die schlimme Phase der deutschen *Germania*-Rezeption begann indes erst in napoleonischer Zeit, mit den »Reden an die deutsche Nation«, die Fichte im Winter 1807/08 in Berlin gehalten hat.[80] Dort wird auf die überschwenglichste Weise die Sendung der Deutschen verkündet, ein Anspruch, den eine spekulative Auslegung der Geschichte begründen soll – als Fundament hierfür dient die taciteische *Germania.* Sie hat Fichte zu seiner Lehre vom unveränderten deutschen Urvolk angeregt, und aus ihr stammen wichtige Züge, die er seinem Bilde von der ewigen Eigentümlichkeit der Deutschen verlieh: der religiöse Ernst, das Freiheitsstreben, die Treue, Biederkeit und Einfalt. Der hieraus abgeleitete Nationalcharakter wird zu metaphysischer Bedeutsamkeit gesteigert: er ist »höchstes Gesetz«, ja »Erscheinung der Gottheit«.

Um die Mitte des 19. Jahrhunderts erschien der vierbändige *Essai sur l'inégalité des races humaines* von Arthur Graf Gobineau. Dieses Werk, Dokument einer neuen, naturalistischen Betrachtungsweise, gipfelt in der Beschreibung der allen anderen Rassen überlegenen ›Arier‹, zumal der Germanen. Gobineau beanstandet zwar, daß Tacitus die germanische Zivilisation unterschätzt habe; doch das Wesensbild, das er in dem krönenden Kapitel über die »geistige Veranlagung der ursprünglichen Rassen« entwirft, ist allenthalben der *Germania* verpflichtet: bei der Darstellung des Gefolgschaftswesens und Freiheitsstrebens, der Treue, Ruhmliebe und Sittenreinheit.

So geht es weiter über Houston Stewart Chamberlains »Grundlagen des 19. Jahrhunderts« bis zur Germanen-Ideologie des Nationalsozialismus, bis zu den Werken eines Alfred Rosenberg oder Hans K. F. Günther: die *Germania,* von den Philologen nach den Prinzipien ihrer Wissenschaft untersucht und erklärt, wurde in den Händen von Philosophen, Publizisten und Politikern zu einem Fetisch eines rassistisch infizierten Nationalismus. Die Gymnasialpädagogen, denen ihr wissenschaftliches Studium keine Maßstäbe für die Applikation der von ihnen verwendeten Texte hatte mitgeben können, nahmen die Impulse ihrer Umwelt ohne Zögern auf. »Die *Germania* jedem Schüler in die Hand zu geben, hat das Gymnasium eine heilige Pflicht«, hieß es schon gegen Ende des 19. Jahrhunderts, und in den Direktiven »Erziehung und Unterricht in der Höheren Schule« vom Jahre 1938 verlautete, daß die Darstellung des Germanentums bei Caesar und Tacitus »Abschluß und Krönung der lateinischen Lektüre« sei.[81] Seit dem Jahre 1945 ist es in den deutschen Landen um die *Germania* ziemlich still geworden.

Die Schulmeister der Antike hatten in ihrem Bemühen, den Dichtern Leitsätze für die Lebenspraxis abzugewinnen, auf ein ziemlich konsequentes System philosophischer Normen zurückgreifen können, auf ein System, das sich im Laufe der Jahrhunderte nur wenig änderte. Von der Spätantike bis zur Aufklärung sorgte die omnipräsente christliche Religion auch auf dem Felde der moralisierenden Auslegung literarischer Texte für Stabilität und Folgerichtigkeit. Seit dem ausgehenden 18. Jahrhundert hingegen befinden sich die Dinge in raschem Fluß; die ethischen und ästhetischen Maßstäbe, die an die Dichtung angelegt werden, lösen einander in immer kürzeren Zeiträumen ab. Die Gymnasialpädagogen, von der strengen historisch-kritischen Wissenschaft sich selbst überlassen, müssen zusehen, woher sie sich die Normen beschaffen, deren sie für ihr erzieherisches Tun bedürfen. Sie haben sie auch in ihrer hauseigenen Didaktik kaum festzulegen gewagt. Kognitive Lernziele fixiert man heutzutage lieber als emotionale und auf Gesinnungstüchtigkeit gerichtete – nach schlimmen Erfahrungen mit gutem Grund. Die über das philologische Textverständnis hinausgehende Interpretation von Dichtung ist auf diese Weise stark den jeweiligen Zeitströmungen preisgegeben, gegenwärtig wohl noch immer einer allzu negativen, überwiegend auf Emanzipation und Ideologiekritik erpichten Betrachtungsweise. Eine neue, in Fachkreisen bekannte Didaktik des Lateinischen führt zur Frage des Zwecks der Beschäftigung mit antiken Texten folgendes aus:[82]

»Antike Texte stellen für uns ›Denkmodelle‹ dar, in denen wir historisch Einmaliges, Zeitgebundenes und Allgemeingültiges, anthropo-
logisch Konstantes erkennen können. Die historische Ferne, die Historizität des Inhalts ermöglicht es dem Schüler, sich eine völlig andere Dimension zu erschließen: eine ›Kultur des Kontrasts‹ (…) Die
pädagogische Leistung kann sich äußern auch im Entlarven und De-
maskieren von überholten Denkschemata (…)«

Diese pauschale Häufung von Möglichkeiten bekundet Ratlo-
sigkeit. Die Barrieren, die der Historismus errichtet hat, dürfen nicht ignoriert werden. Andererseits möchte man bei der
Interpretation von Dichtung mit gutem Grund nicht auf das
καθόλου, das Allgemeine, das Philosophische im Sinne des
Aristoteles verzichten, und schließlich werden noch ein paar
jetzt gängige Formeln aus dem Sprachschatz der kritischen
Mündigkeit hinzugefügt. Ein derartiges Konglomerat abstrak-
ter Leitsätze beweist, daß die normative, der Lebensorientie-
rung dienende Auslegung von Dichtung noch immer das ist,
was sie mit dem Historismus zu sein begonnen hat: eine Praxis ohne Theorie. Wahrscheinlich ist es gar nicht möglich, hier
Abhilfe zu schaffen, es sei denn, man wäre bereit, sich auf das
Risiko einer neuen Ideologie einzulassen. Dann aber ist es jedenfalls von Nutzen, sich klarzumachen, daß die Behandlung
von Dichtung als Norm, die moralische Applikation poeti-
scher Texte, heutzutage ganz und gar der Verantwortung jedes
einzelnen anheimgegeben ist, der sie zu praktizieren wagt.

Anmerkungen

[1] 4,230.
[2] 12,37 ff.
[3] 15F–16A.
[4] 24B.
[5] 24,525 f.
[6] 22BC.
[7] Werke und Tage, 313.
[8] 24E.
[9] 25B.

[10] Staat 2/3 376C–398B; vgl. Gesetze 2 652Aff.; 7 801Bff.

[11] 25BC.

[12] 26A.

[13] 30Cff.

[14] 36D.

[15] 37AB.

[16] Diogenes Laertios 7,200; vgl. K. ZIEGLER, »Plutarchos«, in: Paulys Realencyclopädie der classischen Altertumswissenschaft, Bd. 21,1 (1951), Sp. 805 ff.

[17] Vgl. hierzu M. POHLENZ, »Die Anfänge der griechischen Poetik«, in: Kleine Schriften, Bd. 2. Hildesheim 1965, S. 436 ff.

[18] V. 1008 ff.; Übersetzung von L. Seeger.

[19] 338E–339A.

[20] Memorabilien 1,2,56 ff.

[21] Zum folgenden besonders W. KROLL, Studien zum Verständnis der römischen Literatur. Stuttgart 1924, S. 64 ff. (VI. Die moralisierende Auffassung).

[22] Zum folgenden M. FUHRMANN, Einführung in die antike Dichtungstheorie. Darmstadt 1973, S. 82 ff.

[23] Hierzu FUHRMANN, aaO., besonders S. 22 ff., 30 ff., 86 ff.

[24] STRABON 1, p. 18 f.; vgl. KROLL, aaO., S. 78 f.

[25] Epistel 1,2,1 ff.

[26] V. 14.

[27] V. 17 f.

[28] V. 27 f.

[29] V. 40.

[30] STRABON 1, p. 15.

[31] Vgl. FUHRMANN, aaO., S. 133 f.

[32] PHILODEMUS, De poematis V, hrsg. von CHR. JENSEN. Berlin 1923, S. 27 ff.

[33] Epistel 2,3 (Ad Pisones), 333 und 342.

[34] Ebd. V. 391 ff.

[35] Ad Lucilium, 108,35.

[36] Ebd. 30.

[37] Ebd. 29; vgl. PLUTARCH, De audiendis poetis 30C.

[38] Ebd. 23 f.

[39] Georgica 3,284.

[40] Ad Lucilium 108,30 ff.

[41] Accessus ad auctores – Bernard d'Utrecht – Conrad d'Hirsau, hrsg. von R. B. C. HUYGENS. Leiden 1970.

[42] 1,1, p. 1bB in der Ausgabe Lyon 1561 (Nachdruck Stuttgart 1964).

[43] 1,1, p. 1bC–2aA.

[44] 7^{1}1,3, p. 348aB.

[45] Critische Dichtkunst. Leipzig ^{4}1751, S. 473.

[46] Ebd., S. 160.

[47] Ebd., S. 156.

[48] Ebd., S. 161 ff.

[49] Vgl. hierzu besonders ST. F. BONNER, Education in Ancient Rome. London 1977, S. 227 ff.

[50] Vgl. M. FUHRMANN, »Klassik in der Antike«, in: Literarische Klassik, hrsg. von H.-J. SIMM. Frankfurt/M. 1988, S. 101 ff.

[51] Vgl. BONNER, aaO., S. 215 ff.

[52] 1,8,4 ff.

[53] Ars poetica = Epistel 2,3 (Ad Pisones), 359.

[54] Zu 1,43: Scholia Graeca in Homeri Iliadem, hrsg. von H. ERBSE, Bd. 1. Berlin 1969, p. 22.

[55] Zu 1,238: Scholia Graeca etc., p. 76.

[56] Zu 2,405 ff.: Scholia Graeca etc., p. 271 f.; Athenaios 5 177Cff.

[57] Zu 1,92: Servii Grammatici qui feruntur in Vergilii Carmina Commentarii, hrsg. von G. THILO/H. HAGEN, Bd. 1. Leipzig 1881, p. 46 f.

[58] Zu 1,180: Servii Grammatici etc., p. 72.

[59] Aeneis 6,95 f.

[60] Servii Grammatici etc., Bd. 2. Leipzig 1884, p. 21.

[61] Vgl. hierzu KROLL, aaO., S. 83 ff., wo bestritten wird, daß die moralisierende Auffassung einen nennenswerten Einfluß auf die literarische Praxis gewonnen habe.

[62] Augustus 89.

[63] Kleine Schriften, hrsg. von G. BERNHARDY. Halle 1869, Bd. 2, S. 808 ff.; vgl. hierzu M. FUHRMANN, »Friedrich August Wolf«, in: Deutsche Vierteljahrsschrift für Literaturwissenschaft und Geistesgeschichte 33, 1959, besonders S. 229 ff.

[64] Hrsg. von E. BRATUSCHECK. Leipzig ²1886 (Nachdruck Darmstadt 1966); vgl. hierzu A. HENTSCHKE / U. MUHLACK, Einführung in die Geschichte der klassischen Philologie. Darmstadt 1972, S. 88 ff.; F. RODI, »›Erkenntnis des Erkannten‹« – August Boeckhs Grundformel der hermeneutischen Wissenschaften«, in: Philologie und Hermeneutik im 19. Jahrhunderts, hrsg. von H. FLASHAR u. a. Göttingen 1979, S. 68 ff.

[65] Enzyklopädie und Methodenlehre, S. 82 f. u. ö.

[66] Ebd., S. 137 und 142.

[67] Vgl. G. JÄGER, Einführung in die Klassische Philologie. München ³1990, S. 104 ff.

[68] Wahrheit und Methode. Tübingen ⁴1975, S. 290 ff. = Gesammelte Werke, Bd. 1. Tübingen 1986, S. 312 ff.

[69] Vgl. hierzu besonders G. FINSLER, Homer in der Neuzeit. Leipzig / Berlin 1912.

[70] Vida zu Ilias 11,558 ff.; vgl. FINSLER, aaO., S. 50.

[71] GIRALDI CINTHIO zu Odyssee 6,25 ff., vgl. FINSLER, aaO., S. 61.

[72] BENI zu Odyssee 2,9 ff. u. ö.; vgl. FINSLER, aaO., S. 84.

[73] Poetices libri VII. Lyon 1561, 5,2, p. 215aB.

[74] 5,2, p. 216aC.

[75] Vgl. hierzu FUHRMANN, »Friedrich August Wolf«, aaO., S. 211 ff.

[76] Wahrheit und Methode, S. 269 ff. = Gesammelte Werke, Bd. 1, S. 290 ff.

[77] »Antiquierte Antike?«, in: Republikanische Reden. München 1976, S. 43.

[78] Vgl. hierzu M. LANDFESTER, Humanismus und Gesellschaft im 19. Jahrhundert. Darmstadt 1988, S. 132 ff.

[79] Vgl. L. KRAPF, Germanenmythos und Reichsideologie – Frühhumanistische Rezeptionsweisen der taciteischen »Germania«. Tübingen 1979, S. 53 ff.

[80] Zum folgenden vgl. H. BECK, »Tacitus' Germania und die deutsche Philologie«, in: Beiträge zum Verständnis der Germania des Tacitus I, hrsg. von H. JANKUHN / D. TIMPE, Abh. d. Ak. d. Wiss. Göttingen, Phil.-hist. Kl. 3,175, Göttingen 1989, S. 155 ff.; M. FUHRMANN, Die Germania in der Forschung der klassischen Philologie und im gymnasialen Unterricht, ebd., S. 180 ff.

[81] Siehe FUHRMANN, Die Germania in der Forschung usw., aaO., S. 194 ff.

[82] FR. MAIER, Lateinunterricht zwischen Tradition und Fortschritt, Bd. 2. Bamberg 1984, S. 93 f.

DIE GUTE ÜBERSETZUNG

Was zeichnet sie aus,
und gehört sie zum Pensum des altsprachlichen Unterrichts?

Der Titel dieser Betrachtung könnte auch lauten: »Das ausgangs- und das zielsprachenorientierte Übersetzen antiker Autoren vom 18. Jahrhundert bis heute«. Die eine Überschrift hebt hervor, wozu, was hier gesagt wird, in der Praxis des altsprachlichen Unterrichts dienen soll, die andere versucht, die Sache zu umschreiben, um die es dabei vor allem geht, um das uralte Problem des sei es ›wörtlichen‹, sei es ›freien‹ Übersetzens.

Der Argwohn scheint nicht unbegründet, daß hier noch eine Lücke im sonst recht dichten Netz der altsprachlichen Didaktik und Methodenreflexion besteht, eine Nische gleichsam für jemanden, der das Übersetzen eher aus dem Blickwinkel des Verfertigers von Übersetzungen, weniger aus dem eines Lehrers in den alten Sprachen zu betrachten gewohnt ist.

I. Übersetzen als Gegenstand der Didaktik

Daß die altsprachliche Didaktik die Probleme des Übersetzens schlechtweg unerörtert ließe, wäre ein arges Fehlurteil und soll somit keineswegs behauptet werden – sie hat sie schon immer erörtert und erörtert sie heutzutage mit besonderem Eifer. Hierbei ging und geht es ihr allerdings nicht um das, was ein Übersetzer meint, wenn er vom Übersetzen spricht; es geht ihr vielmehr um das Verstehen altsprachlicher Texte im Medium der deutschen Muttersprache, darum also, wie den jungen Adepten der alten Sprachen das Eindringen in die dunklen Chiffren, in die gehüllt sich ihnen die antiken Texte zu präsentieren pflegen, erleichtert werden kann.

Mit einem Wort, die Aufmerksamkeit der Didaktiker konzentriert sich auf die Schwierigkeiten, welche altsprachliche Texte den Lernenden bereiten; man führt Techniken oder Methoden vor, die ihnen dazu verhelfen sollen, dieser Schwierigkeiten durch schrittweis vorgehendes Entschlüsseln Herr zu werden. Hierzu dienen das Konstruieren, das Analysieren, das ›wortwörtliche Übersetzen‹ und ähnliche Prozeduren;[1] hierzu dienen weiterhin Verfahren, die den Dechiffrierprozeß optisch zu unterstützen suchen, wie die ›Buchstabenmethode‹ und anderes, bis hin zur ›Kästchenmethode‹.[2]

Die Übersetzungstheorie der altsprachlichen Didaktik bleibt mit alledem – was ja auch ihrer Aufgabe, dem Schulalltag förderlich zu sein und für die dort auftretenden Probleme Hilfen bereit zu halten, nur gemäß ist – sozusagen der Infrastruktur der eigentlichen Übersetzungsarbeit verhaftet, und sie pflegt dort aufzuhören, wo für den geübten oder gar professionellen Übersetzer die Schwierigkeiten erst richtig anfangen: für ihn ist ja nicht der Verstehensvorgang die Hürde, die ihm ernstlich Sorge macht, sondern das deutschsprachige Produkt, das er herstellen und das bestimmten Ansprüchen genügen soll. Kurz, die altsprachliche Didaktik, die doch ständig um das Übersetzen kreist, gibt kaum Hinweise, was eine wahrhaft gute Übersetzung sei, und kaum Rezepte, die den Schüler anleiten, selber eine gute Übersetzung anzufertigen.

Diese Enthaltsamkeit scheint, jedenfalls bei einem Teil der Didaktiker, auf gewolltem Verzicht zu beruhen.

»Erst jetzt, nachdem alle Einzelheiten geklärt sind, also Inhalt, Sinn und logische Verknüpfung aller Satzteile und Nebensätze erfaßt sind, können wir uns die Aufgabe stellen, den gesamten Text in deutscher Sprache wiederzugeben. Es fragt sich allerdings, ob das noch nötig ist.«[3]

»Nicht das Übersetzte, d.h. der Text ist das Bildende, sondern das

Übersetzen, nicht die Grammatik, sondern das Verstehen fremder Strukturen.«[4]

»Der Übersetzungs-Vorgang ist der produktive Prozeß, bei dem gedacht, verstanden und dazugelernt wird; die fertige Übersetzung selbst kann zwar dem Schüler Befriedigung darüber gewähren, daß dieser Prozeß erfolgreich abgeschlossen wurde (...) einen Eigenwert hat das Endprodukt um so weniger, als für alle Texte deutsche Übersetzungen leicht zu erhalten sind, mit denen die Schülerleistungen nicht konkurrieren können.«[5]

Auf das Verstehen, nicht auf das Übersetzen kommt es an, und: den gedruckten Übersetzungen vermag der Schüler es doch nicht gleichzutun – diesem wohl vorherrschenden Tenor stehen zwar Stimmen gegenüber, die auf die Untrennbarkeit von Sinnerschließung und Übersetzung hinweisen[6] (es sei denn, jemand beherrsche die alten Sprachen derart, daß er in ihnen wie in seiner Muttersprache zu ›denken‹ vermöchte), gleichwohl: zu einer Rezeption der wichtigsten Kategorien und Maximen der gegenwärtigen und zugleich uralten, auf Cicero und Hieronymus zurückgehenden Übersetzungstheorie und zu ihrer Anwendung im altsprachlichen Unterricht ist es offenbar bis jetzt noch nicht gekommen.

Die Essentialien der heutigen Übersetzungstheorie verdienen noch aus einem anderen Grunde die Aufmerksamkeit des Lehrers der alten Sprachen: Die gedruckten Übersetzungen antiker Literaturwerke haben, sei es in zwei-, sei es in einsprachigen Ausgaben, längst Eingang in den altsprachlichen Lektüreunterricht gefunden, nicht als quasi illegitimes, allenfalls geduldetes, sondern als durchaus vollwertiges Element neben der Lektüre und Interpretation im Original. Eine nicht geringe Anzahl von Abhandlungen[7] erörtert die Verwendungsmöglichkeiten, unter denen offenbar – neben der motivationsfördernden Wirkung – zwei ein besonderes Gewicht haben:

1. Nur mit Hilfe von Übersetzungen läßt sich ein wesentlicher Aspekt großer Literaturwerke – eines Dramas, eines Epos, einer historischen Schrift im Umfang mehrerer Bücher – noch zulänglich bewältigen: die Makrostruktur, die Komposition des Ganzen, auf der ein gut Teil der Absicht und Wirkung des betreffenden Werkes zu beruhen pflegt.

2. Der Vergleich einer oder mehrerer Übersetzungen mit dem Original veranschaulicht nachdrücklicher als jedes andere Verfahren die Kluft, welche die alten Sprachen durch ihre Semantik und Phraseologie, durch ihre Syntax und ihre stilistischen Möglichkeiten vom modernen Deutsch trennt; er macht die Möglichkeiten und Grenzen allen Übersetzens deutlich und bestätigt die Richtigkeit des bekannten Wortes von Schadewaldt, daß Übersetzen die Kunst des richtigen Opferns sei.[8]

Auch diese durchaus zutreffenden Feststellungen lassen eine gewisse Beschäftigung mit der heutigen Übersetzungstheorie als geraten erscheinen: eine Übersetzung und ihr Verhältnis zum Original vermag nur zu beurteilen, wer die Pflicht und die Kür des Übersetzers kennt, d. h. wer weiß, was ein Übersetzer in jedem Falle leisten muß und was er, je nach seinen besonderen Absichten, sei es so, sei es anders wiedergeben kann. Es kommt hinzu, daß zwar die semantischen Differenzen zwischen antikem Original und moderner Version jedem sofort in die Augen springen, der mit der Sache, der Kultur der Griechen und Römer, vertraut ist (weshalb denn in den einschlägigen Betrachtungen gerade dieser Aspekt hervorgehoben wird), daß sich indes die stilistischen Eigenheiten von Original und Übersetzung offenbar erst dem richtig bemerkbar machen, der sich ein wenig mit dem theoretischen Handwerkszeug des Übersetzers vertraut gemacht hat.

II. Theorie der literarischen Übersetzung

Die Übersetzungstheorie, anspruchsvoller auch Übersetzungswissenschaft genannt, ist vornehmlich eine Domäne der Linguisten, zumal derer, die an Dolmetscherschulen lehren. Dort hat man sich allerdings, nicht selten mit einem etwas übertriebenen Aufwand an Terminologie, hauptsächlich den Gebrauchstexten der Lebenswirklichkeit gewidmet und die dort praktizierte Routine in Regeln gefaßt – was nicht hindert, daß auch der auf Literatur spezialisierte Philologe einiges daraus lernen kann.[9] Auch die neueren Philologien befassen sich nicht wenig mit dem Geschäft des Übersetzens und den dabei geltenden Regeln, wobei sie sich, wie es ihnen zukommt, vor allem der ›literarischen Übersetzung‹ in Geschichte und Gegenwart annehmen. Als herausragendes Ereignis auf diesem Felde sei die Ausstellung erwähnt, die das Deutsche Literaturarchiv im Schiller-Nationalmuseum Marbach (Neckar) im Jahre 1982 veranstaltet hat: »Weltliteratur – Die Lust am Übersetzen im Jahrhundert Goethes«; der Katalog, der sie begleitete,[10] ist eine Fundgrube zumal für Altphilologen. Erwähnt sei weiterhin, daß sich an der Universität Göttingen ein Sonderforschungsbereich »Die Literarische Übersetzung« etabliert hat, der inzwischen mit einer erklecklichen Anzahl von einschlägigen Monographien an die Öffentlichkeit getreten ist.

Der Klassischen Philologie steht, da sie sich der ältesten und folgenreichsten Literaturwerke innerhalb der antik-europäischen Kulturtradition annimmt, Material von schier unübersehbarer Fülle zu Gebote.[11] Sie hat dieses Material auch durchaus zur Kenntnis genommen und in zahlreichen Einzeluntersuchungen beschrieben; insbesondere gehört das Verhältnis der römischen Literatur zur griechischen, das ja weithin unter die Kategorie Übersetzung fällt, seit langem zu den

Wolfgang Schadewaldt (1900–1974)

bevorzugten Gegenständen des Faches. Die Impulse indes, die von der neueren Rezeptionstheorie und -geschichte ausgehen könnten, haben dort einstweilen nur wenig Resonanz gefunden, und so fehlt es an autoren-, gattungs- und epochenübergreifenden Untersuchungen in antik-europäischem Rahmen: über die jeweils vorherrschenden Techniken des Übersetzens und über die je maßgeblichen Zielgruppen von Übersetzungen, über den Einfluß der jeweils herrschenden Anstandsbegriffe auf die Wiedergabe freizügiger Texte, über die Probleme, die Dialekte oder Fachterminologien aufgeben, und anderes mehr.[12] Mit der heutigen Übersetzungstheorie schließlich hat die Klassische Philologie offenbar noch so gut wie nichts anfangen können, obwohl deren Kategorien und Modelle gewiß nicht nur dem Anfertigen neuer, sondern auch der Analyse vorhandener Übersetzungen dienlich sein können.

Wolfgang Schadewaldt ist, jedenfalls im deutschen Sprachgebiet, die herausragende Ausnahme auf dem Felde der Übersetzungstheorie. Er hat sich nicht nur praktisch als Übersetzer betätigt (das taten und tun viele Altphilologen, wohl nicht zuletzt deshalb, weil sich die professionellen Verfertiger literarischer Übersetzungen an antike Werke nur selten wagen), er hat hierüber auch wiederholt Rechenschaft abgelegt mit Reflexionen und Maximen, an denen kein Übersetzer und kein Kritiker von Übersetzungen antiker Texte vorübergehen sollte. Für die Zwecke der vorliegenden Skizze ist vor allem die letzte einschlägige Studie Schadewaldts von Belang, der Heidegger gewidmete Essay »Antikes Drama auf dem Theater heute – Übersetzung, Inszenierung« (siehe Anm. 8).

Schadewaldt geht dort von dem berühmten Dilemma allen Übersetzens aus, von der Frage, ob ›wörtlich‹ oder ›frei‹ oder, wie er sich ausdrückt, ob ›dokumentarisch‹ oder ›transponierend‹ übersetzt werden solle. Das dokumentarische Übersetzen sei für Dokumente aller Art und insbesondere für wissenschaftliche Werke angemessen: dort komme es zuallererst auf die möglichst exakte Wiedergabe des originalen Wortlauts an. Das transponierende Übersetzen hingegen finde nach allgemeiner Meinung zu Recht auf literarische oder poetische Texte Anwendung: dort dürfe der Übersetzer ein erhebliches Maß an Bewegungsfreiheit beanspruchen, um ein lesbares, angenehm klingendes Deutsch herzustellen; wem derlei gelinge, dessen Erzeugnis gelte als ›kongenial‹.

Schadewaldt distanziert sich sodann von der Auffassung, daß transponierendes Übersetzen die antiken Dichtungen ›kongenial‹ wiedergebe – in Wahrheit verfälsche es sie, und zwar in zweifacher Weise: zum einen lasse es einen Aischylos oder Sophokles in buntem Wechsel wie Goethe, Schiller, Hebbel oder einen anderen deutschen Dichter der jüngsten Zeit reden, zum anderen aber sei der Versuch, antike Fremdheit durch Transponieren zu beseitigen, mit dem Risiko belastet, daß beim heutigen Leser oder Hörer völlig falsche Assoziationen hervorgerufen würden. Schadewaldt fordert daher auch und gerade für die Werke der hohen Dichtung dokumentarisches, wort-adäquates Übersetzen, wobei es dreierlei zu beachten gelte: erstens dürfe nichts weggelassen und nichts hinzugefügt werden; zweitens seien die dem Dichter eigentümlichen Ideen und Bilder getreulich zu bewahren; drittens müsse die Übersetzung die Wortfolge des Originals soweit wie möglich beizubehalten suchen. Schadewaldt nimmt allerdings bestimmte Texte von seinem Postulat des dokumentarischen Übersetzens aus (der Passus sei, da er für die folgenden Betrachtungen von besonderer Bedeutung ist, vollständig zitiert):

»Unleugbar allerdings, daß das transponierende Übersetzen unter gewissen Umständen sein sachliches Recht hat. Es ist überall dort am Platz, wo die Sprache des Originals den Charakter des Redensartlichen hat. Weithin durchsetzt von Redensartlichem pflegt die alltägliche Umgangssprache gerade einer kultivierten Gesellschaft, wie der athenischen, zu sein. Und redensartlich in dem gemeinten Sinne sind auch die literarisierten Schriftsprachen kultureller Spätepochen. In solchen Fällen ist es nur im Sinne des dokumentarischen Übersetzens, daß man die abgegriffene oder elegante Redensart des Originals in eine entsprechende Redensart der eigenen Sprache umsetzt. So mag das literarisierte Griechisch der Kaiserzeit und der Spätantike die Umsetzung in die glatte Redewendung unseres ja auch längst literarisierten Deutsch verlangen. Und so erfordert auch, in anderer Weise, der Witz in der Komödie, der auf dem Umgangssprachlichen beruht, in vielen Fällen das transponierende Übersetzen, wenn er als Witz auch in der Übersetzung wirken soll.« (aaO., Anm. 8, S. 654)

III. Drei Texttypen und ihre Übersetzung

Eine Untersuchung von Katharina Reiss zur Übersetzungskritik unterscheidet im wesentlichen drei Texttypen: inhaltsbetonte, formbetonte und appellbetonte Texte.[13] Inhaltsbetont sind Gebrauchstexte wie Urkunden und Briefe, ferner die Fachliteratur. Zu den formbetonten Texten gehören Gedichte, Dramen, Romane usw., zu den appellbetonten Reden und Satiren. Hier sollen in ähnlicher Weise drei Schreibweisen von Texten unterschieden werden:

1. die normale Schreibweise, die sich an das Übliche, Konventionelle hält und dazu bestimmt ist, klar und ohne Umschweife Inhalte zu vermitteln;
2. die rhetorische Schreibweise, die sogenannte Kunstprosa, die besondere – sei es typische, sei es individuelle – sprachliche oder argumentative Mittel verwendet, um die Zuhörer- oder Leserschaft durch Überredung und Mobilisieren von Affekten zu bestimmten Zielen zu lenken;

3. die poetische Schreibweise, ans Versmaß gebunden, in Wortwahl und Satzbau größte Freiheit beanspruchend, bestimmt, dem Inhalt der Dichtung, der ›Botschaft‹, durch Originalität zu möglichst reiner und starker Wirkung zu verhelfen.

Nun gibt es gewiß für die Übersetzungspraxis keine schärfere Grenze als die zwischen Poesie und Prosa: selbst der Jambus als das bequemste Versmaß pflegt das Übersetzen derart zu erschweren, daß sich hierfür kaum noch feste Regeln angeben lassen.[14] Die folgende Betrachtung beschränkt sich daher auf die normale und die rhetorische Schreibweise.

Normale oder Sachprosa sowie Kunstprosa: diese beiden Textbereiche sollen nunmehr auf die Frage hin erörtert werden, was dort jeweils als ›gute Übersetzung‹ gelten kann. Die Untersuchung bedient sich hierbei einer ähnlichen Alternative wie Schadewaldt: sie bezeichnet das dokumentarische Übersetzen als ›ausgangssprachenorientiert‹ und das transponierende Übersetzen als ›zielsprachenorientiert‹. Unter der erstgenannten Kategorie wird ein Übersetzungsverfahren verstanden, das die Wortwahl, die Wortstellung und die syntaktischen Strukturen des Originals zu kopieren sucht, soweit dies die Zielsprache zuläßt, selbst um den Preis einer ungewohnten oder gar schroffen Diktion; die andere Kategorie zielt auf Übersetzungen, die – um den Preis des Verzichts auf rigorose Genauigkeit – ein glattes, gefälliges Deutsch anstreben.

Das Ergebnis der Betrachtung sei vorweggenommen; es scheint paradox zu klingen. In den beiden Bereichen gelten je verschiedene Regeln, so daß dort auch je verschiedene Übersetzungen als ›gut‹ angesehen zu werden verdienen. Im Bereich der normalen Texte ist die zielsprachenorientierte Übersetzung im allgemeinen die angemessene Lösung: hier kommt es auf eine exakte Wiedergabe der Wortstellung oder

der syntaktischen Strukturen weniger an als auf eine möglichst eingängige Vermittlung des Inhalts; ausgangssprachenorientierte Übersetzungen können allerdings bei philosophischen oder stark mit Termini durchsetzten fachwissenschaftlichen Texten als Hinführung zum Original den Vorzug verdienen.[15] Im Bereich der Kunstprosa wiederum ist, insbesondere was die dort verwendeten künstlerischen Mittel angeht, zielsprachenorientiertes Übersetzen nicht einmal als Ausnahme möglich; je stärker ein Prosatext künstlerisch geformt ist, desto mehr muß sich die Übersetzung in Diktion, Wortstellung und Satzstruktur an das Original anzuschmiegen suchen.[16] In Sachtexten ist es somit die Pflicht des Übersetzers, in lexikalisch-idiomatischer und in syntaktischer Hinsicht nach analogen Lösungen zu suchen; in Kunstprosatexten hingegen muß er auf eine möglichst genaue Abbildung dessen bedacht sein, was er vorfindet.

Dem Grundpostulat der Äquivalenz oder, schlichter ausgedrückt, der Treue genügen beide Übersetzungsverfahren, wenn sie in der angegebenen Weise verwendet werden, gleichermaßen: die zielsprachlich orientierte Version läßt den normalen Text als normalen Text erscheinen, weil ihre Sprachform in demselben Maße Funktion des Inhalts ist wie die des Originals (hier wie dort ist alles unscheinbar und nur um der Vermittlung des Inhalts willen gesagt); die die künstlerischen Mittel des rhetorischen Textes nach Möglichkeit abbildende Version wiederum erzielt per se in etwa dieselben Wirkungen wie das Original – Voraussetzung hierfür ist allerdings, daß die Rezipienten einer derartigen Übersetzung in einem ähnlichen Ambiente sprachlicher Kultur leben.[17]

IV. Normen der Sachprosa – zwei Beispiele

Wie kann man, sei es originalnah und relativ weit von der Zielsprache entfernt, sei es relativ originalfern, aber im Geiste der Zielsprache übersetzen, ohne sich blanker Willkür schuldig zu machen? Daß dies möglich ist, daß jede Zielsprache für diese Alternative von Übersetzungsverfahren Spielräume darbietet, soll nunmehr an Hand von zwei lateinisch-deutschen Beispielen gezeigt werden, an Hand von Beispielen in einigermaßen normaler Schreibweise.[18]

Beispiel 1 (Cicero)

Zunächst sei ein Satz aus einem Brief betrachtet, aus einem Kondolenzschreiben, das der Jurist Servius Sulpicius Rufus im Jahre 45 v. Chr., also unter Caesars Diktatur, an Cicero gerichtet hat (*Ad fam. 4,5*); es sollte Cicero Trost spenden, der in jener schweren Zeit seine einzige Tochter verloren hatte. Der Satz (§ 3) lautet im Original wie folgt:

Quotiens in eam cogitationem necesse est et tu veneris et nos saepe incidimus, hisce temporibus non pessime cum iis esse actum, quibus sine dolore licitum est mortem cum vita commutare!

Dieser Satz sei zunächst im Stile einer mittelalterlichen Interlinearversion wiedergegeben, weil so die Ausgangsposition für die beiden Arten des Übersetzens schärfere Konturen gewinnt – hierbei werden lediglich die Wörter der Ausgangssprache durch möglichst bedeutungsgleiche Wörter der Zielsprache ersetzt, unter Mißachtung aller Regeln der Zielsprache:

Wie oft auf diesen Gedanken unvermeidlich ist sowohl Du gekommen seist als auch wir häufig sind verfallen, in diesen Zeiten nicht am schlechtesten mit denen zu sein gehandelt worden, denen ohne Schmerz erlaubt gewesen ist, den Tod mit dem Leben zu vertauschen!

Wenn man nun aus diesem Gebilde, bei dem die deutschen Wörter als eine Art dünner Tünche die Konturen des Originals noch überall durchschimmern lassen, einen korrekten deutschen Satz herstellen will, dann muß man sich zunächst vor Augen halten, daß das Lateinische und das Deutsche – wie alle Sprachen – zwei Grundtypen von Normen kennen: (1) zwingende Regeln, d. h. Gebote oder Verbote, die keine oder kaum eine Ausnahme zulassen; (2) Regeln des ›guten Stils‹, d. h. allerlei Konventionen, die fast immer oder meist befolgt werden, von denen man jedoch auch, und sei es um den Preis einer unbeholfenen oder sonstwie befremdlichen Ausdrucksweise, von Fall zu Fall abweichen kann.

Die jeweiligen Normen aber sind in den beiden Sprachen nicht deckungsgleich: einem zwingenden Gebot im Lateinischen kann ein zwingendes Verbot im Deutschen gegenüberstehen (eine im Lateinischen obligatorische Konstruktion z. B. ist dem Deutschen gänzlich fremd), und vieles, was im Lateinischen fast immer oder meist befolgt wird, ist im Deutschen gerade eben noch zulässig, wenn auch unter Verletzung des ›guten Stils‹. Und exakt diese verschiedenen Grade von Inkongruenzen, von sei es stets, sei es in aller Regel erforderlichen Abweichungen sind die Voraussetzung dafür, daß man beliebige Texte sei es ausgangssprachen-, sei es zielsprachenorientiert übersetzen kann. Denn die ausgangssprachenorientierte Übersetzung nimmt lediglich auf die Inkongruenzen des ersten Typs, auf die Differenzen im Bereich der zwingenden Normen Bedacht; die zielsprachenorientierte Übersetzung hingegen trägt darüber hinaus noch der Tatsache Rechnung, daß in den beiden Sprachen auch die Regeln des ›guten Stils‹, des Üblichen und Gewöhnlichen, voneinander abweichen.

Die soeben vorgeführte Interlinearversion des Satzes aus dem Sulpicius-Brief verstößt offensichtlich mehrfach gegen zwingende Normen der deutschen Grammatik. Sie verletzt die Grenzen des bei der Wortstellung Erlaubten: die Ausdrücke »auf diesen Gedanken« und »ohne Schmerz« erscheinen zu früh. Vor allem aber enthält sie syntaktische Erscheinungen, die das Deutsche nicht kennt: den Konjunktiv »gekommen seist« in Abhängigkeit von »unvermeidlich ist« sowie das Infinitivgefüge »in diesen Zeiten … zu sein gehandelt worden«. Alle diese Verstöße muß auch derjenige vermeiden, der lediglich eine der Ausgangssprache nahestehende Übersetzung herstellen will: an den zwingenden Normen der Zielsprache findet nach heutzutage allgemein anerkannter Auffassung das Bestreben, den fremden Text im Medium der Zielsprache zu kopieren, eine unüberschreitbare Grenze.

Hieraus resultiert, daß eine nach heutigen Begriffen zulängliche ausgangssprachenorientierte Version des Satzes – eine Version also, welche die zwingenden grammatischen Normen der Zielsprache respektiert – folgendes Aussehen haben muß:

Wie oft war unvermeidlich, daß sowohl Du auf diesen Gedanken gekommen bist, als auch wir häufig darauf verfallen sind, daß in diesen Zeiten nicht am schlechtesten mit denen gehandelt worden ist, denen erlaubt gewesen ist, ohne Schmerz den Tod mit dem Leben zu vertauschen!

Auch diese Fassung knirscht noch etwas in den Scharnieren: weil die eigentlich nur im Lateinischen mögliche Verklammerung von »ist unvermeidlich« mit dem hiervon abhängigen Satz durch »wie oft« bewahrt geblieben ist und weil der Satz »als auch wir häufig darauf verfallen sind« schon im Original etwas aus der Konstruktion heraustritt.

Doch weiter, zur zielsprachenorientierten Version, die ja, wie schon festgestellt, auch auf Inkongruenzen im Bereich des ›guten Stils‹ Bedacht nehmen muß. Das lateinische Original (diese Tatsache ist Voraussetzung für die Anpassungen an das im Deutschen Übliche, die nunmehr vorgenommen werden sollen) enthält nirgends eine ungewöhnliche, vom Konventionellen spürbar abweichende Ausdrucksweise; der Satz ist klar aufgebaut und zeugt bei allem Pathos von schlichter Eleganz. Es gilt somit, die noch reichlich mechanische Form-für-Form- und Wort-für-Wort-Gleichheit der bisher erreichten Stufe in eine Formulierung umzuwandeln, welche die Ausdrucksmittel des Originals durch entsprechend übliche und häufige Ausdrucksmittel der Zielsprache ersetzt – etwa so:

Wie oft mußte sich Dir der Gedanke aufdrängen (und auch ich bin häufig darauf verfallen), es sei in unseren Zeiten mit denen nicht am schlechtesten bestellt, die ohne Schmerz ihr Leben mit dem Tod vertauschen durften!

Diese Fassung enthält gegenüber der vorigen eine erkleckliche Anzahl von syntaktischen und phraseologischen Veränderungen. So hat der schwerfällige Ausdruck »war unvermeidlich, daß Du ... gekommen bist« dem schlichten »mußte sich Dir ... aufdrängen« den Platz geräumt. So ist weiterhin das umständliche »sowohl ... als auch« (für die Wörtchen *et ... et*) einem bündigen »und auch« gewichen. Ferner erscheint anstelle des im Deutschen hier mißverständlichen »wir« (es hat im Original weder die Funktion eines Pluralis maiestatis, noch steht es für »man«) das eindeutig gemeinte »ich«. Außerdem wurde für das steife »in diesen Zeiten« die geläufigere Wendung »in unseren Zeiten« eingesetzt; das klobige »gehandelt worden ist« verschwand, und schließlich nehmen nunmehr »Leben« und »Tod« die im Deutschen üblichen Positionen ein. Diese Fassung enthält durchweg Formulierungen, die ebenso üblich sind wie die des lateinischen Originals; sie hat somit hier, bei einem normalen Text, als dessen angemessene, ›gute‹ Verdeutschung zu gelten.

Beispiel 2 (Caesar)

Das zweite Beispiel dieser Art, das hier untersucht werden soll, entstammt Cäsars *Gallischem Krieg*, dem Helvetier-Feldzug im ersten Buche; es lautet (*B. G.* 1,7,1):

Caesari cum id nuntiatum esset, eos per provinciam nostram iter facere conari, maturat ab urbe proficisci ...

Auch hier sei der – eigentlich nicht erlaubte – Extremfall einer ausgangssprachenorientierten Übersetzung an den Anfang gestellt, einer Übersetzung also, die lediglich das Wortmaterial der Ausgangssprache durch bedeutungsgleiches Wortmaterial der Zielsprache ersetzt, unter Mißachtung nicht nur des in der Zielsprache Üblichen und Gebräuchlichen, sondern auch der dort herrschenden zwingenden Normen:

Dem Cäsar als das gemeldet worden wäre, sie durch Provinz unsere den Weg zu machen versuchen, eilt von der Stadt aufzubrechen ...

Eine weniger radikal am Original orientierte Version, eine Version also, die wenigstens die zwingenden Regeln der Zielsprache beachtet, würde dann etwa so lauten:

Cäsar, als ihm gemeldet worden war, daß sie durch unsere Provinz den Weg zu machen versuchen, eilt von der Stadt aufzubrechen ...

Da sich das Original auch in diesem Falle einer Diktion befleißigt, die nirgends erheblich von der schlichtesten und üblichsten Redeweise abweicht, muß, wer nunmehr noch eine zielsprachenorientierte Version herstellen möchte, abermals die Ausdrücke des Originals durch entsprechend häufige und konventionelle Ausdrücke der Zielsprache zu ersetzen suchen, er muß in den Bereichen der Syntax (in diesem Falle: der Tempusgebung), der Wortstellung und der Phraseologie nach den treffendsten Analogien Ausschau halten.

Um mit der *Tempusgebung* zu beginnen: es ist zwar möglich zu sagen, »als ihm gemeldet worden war«, aber es ist nicht üblich. Der Originaltext hingegen bedient sich der im Lateinischen üblichen, ja beinahe schon zwingend vorgeschriebenen Ausdrucksweise; der Römer unterschied ja streng die Zeitschichten, und wenn eine Handlung A einer Handlung B vorausgegangen war, dann wurde das meist durch je verschiedene Tempora ausdrücklich hervorgehoben, und zwar sowohl in der Zeitsphäre der Vergangenheit als auch in der der Zukunft. Das Deutsche jedoch pflegt in dieser Hinsicht weniger genau zu sein, und das Plusquamperfekt zumal hat dort zuallererst die Aufgabe, den Vollzug oder Abschluß eines Geschehens in der Vergangenheit festzustellen – die bloße Relation der Vorzeitigkeit bleibt im allgemeinen unausgedrückt.

Da es im Cäsar-Beispiel auf den Abschluß der Handlung nicht ankommt, verfahren wir ganz korrekt, wenn wir das lateinische Plusquamperfekt durch ein Imperfekt ersetzen: »als ihm gemeldet wurde« – es gibt eben nicht nur zwingende Normen, sondern auch allerlei mehr oder weniger verbindliche Konventionen des Gebrauchs. Außerdem sind im Deutschen Passivformen meist schwerfällig, da sie stets aus mehreren Elementen bestehen; sie werden daher, wenn möglich, vermieden. Das Lateinische hingegen kennt in dieser Hinsicht keine Skrupel: das Passiv ist dort genauso selbstverständlich wie das Aktiv. Und schließlich ist das Präsens historicum im Deutschen in diesem Falle wegen des vorausgehenden als-Satzes unschön; es wird daher besser durchs Imperfekt wiedergegeben. Der Beispielsatz lautet, wenn man diese Einsichten auf ihn anwendet, wie folgt:

Cäsar, als man ihm meldete, daß sie durch unsere Provinz den Weg zu machen versuchten, eilte von der Stadt aufzubrechen ...

Nun zur *Wortstellung:* auch in diesem Punkte hält sich der Beispielsatz im wesentlichen an das Übliche – man könnte allenfalls erwägen, ob die betonte Anfangsstellung von *Caesari* (der Name kommt an dieser Stelle zum ersten Male in dem ganzen Werke vor) eine besondere Ausdrucksfunktion haben soll. Man wird gleichwohl an der holprigen Wortfolge »Cäsar, als man ihm meldete« nicht festhalten wollen, und wenn man nun noch, wie heutzutage wohl üblicher, Subjekt und Prädikat des daß-Satzes zusammenrücken läßt, dann ergibt sich folgende Fassung:

Als man Cäsar meldete, (daß) sie versuchten, den Weg durch unsere Provinz zu machen, da eilte er, von der Stadt aufzubrechen ...

Endlich die *Phraseologie:* eine jede Sprache ist in den einzelnen Sinnbereichen und Wortfeldern unterschiedlich reichlich mit Wörtern versehen; jede Sprache hat eine andere Idiomatik, hat andere typische Wendungen und Ausdrucksweisen. Nunmehr soll auch auf diese Tatsache Bedacht genommen werden: die typischen Ausdrücke der Ausgangssprache werden durch typische Ausdrücke der Zielsprache ersetzt. So kann man in unserem Beispiel statt »man meldete Cäsar« sagen: »Cäsar erhielt die Nachricht« (womit man sich überdies den Vorteil einhandelt, daß Neben- und Hauptsatz dasselbe Subjekt bekommen); außerdem genügt für *iter facere*, »den Weg machen« oder besser »den Weg nehmen«, das eine Wort »(durch)ziehen«, und »eilte« drücken wir als Modalität der Handlung gern durch ein Adverb aus, etwa durch »eilends« oder »schleunigst«. Unser Satz lautet nunmehr so:

Als Cäsar die Nachricht erhielt, sie versuchten, durch unsere Provinz zu ziehen, da brach er eilends von der Stadt auf.

Diese Fassung dürfte keinerlei syntaktische oder phraseologische Reminiszenzen an die Ausgangssprache mehr enthalten.

Gleichwohl könnte man hier noch einen Schritt weitergehen: man könnte die Kompetenzen des Übersetzers gelinde überschreiten und zugleich die Rolle des Interpreten, des den Text erklärenden Philologen wahrnehmen. Denn was bedeutet »von der Stadt«? Für den Römer verstand sich von selbst, daß Rom gemeint war. In solchen Fällen darf sich der Übersetzer weiter vorwagen: er darf, wenn er sich Fußnoten wie »die Stadt: das heißt Rom« sparen will, sofort schreiben (wobei er noch, der Deutlichkeit halber, den Begriff »Helvetier« wieder aufnimmt):

Als Cäsar die Nachricht erhielt, die Helvetier versuchten, durch unsere Provinz zu ziehen, da reiste er eilends aus Rom ab.

Soviel zum Unterschied zwischen ausgangs- und zielsprachenorientiertem Übersetzen. Als Demonstrationsobjekte dienten zwei Sätze, die sich eines den Konventionen ihrer Zeit und ihrer Schicht verhafteten Stils befleißigen und jedenfalls keine auffälligen rhetorischen Mittel enthalten; bei ihnen ist daher eine zielsprachenorientierte, transponierende Wiedergabe am Platze. Von der Möglichkeit einer derartigen Übersetzung sollte auch der heutige Unterricht in den alten Sprachen eine gewisse Vorstellung vermitteln: durch Konsultation einer hierfür geeigneten vorhandenen Übersetzung oder besser noch durch eigene Anstrengung – wer das für zu schwierig hält, dem fehlt es an Mut und an der Bereitschaft zu hartnäckiger Suche, der obersten Tugend eines jeden Übersetzers.

V. Kunstprosa – zum Beispiel Tacitus

Es wurde bereits angedeutet, daß bei rhetorischen Texten, die ihre Form gleichsam zur Schau tragen und durch ihre auffällige Stilisierung eine besondere Absicht zu erkennen geben, zielsprachenorientiertes Übersetzen nicht in Betracht kommt: ungewöhnliche Metaphern und andere bildliche Ausdrücke, unüberhörbare rhythmische und klangliche Effekte, die sogenannten Stilfiguren, zumal Wiederholungsfiguren wie die Anapher, oder Sequenzen von offenkundig parallel gebauten Sätzen: alle diese sei es rhetorischen, sei es poetischen Erscheinungen müssen stets in strenger Anlehnung an das Original wiedergegeben, müssen möglichst vollständig in die Version hinübergerettet werden. Was der Autor eines relativ kunstvollen, eines manierierten, pathetischen oder sonstwie markant vom Alltäglichen abweichenden Textes frei, d. h. unbeengt durch zwingende Regeln oder durch Konventionen seiner Sprache ausgewählt hat, um seinem besonderen Stilwillen, seiner besonderen Wirkungsintention Ausdruck zu verleihen, ist für den Übersetzer in dem Sinne verbindlich, daß er nicht nach einer analogen Wiedergabe suchen darf, sondern einzig und allein eine möglichst ähnliche Wiedergabe anstreben muß. Er ist also überall dort, wo sich der Autor des Originals unter mehreren Möglichkeiten für eine Formulierung entschieden hat, die nicht am nächsten lag, zu rigoroser Wörtlichkeit verpflichtet, und zwar gerade dann, wenn sein Produkt das Original ersetzen soll, wenn es also dieselben Wirkungen zu erzielen sucht, wie sie das Original beim ursprünglichen Publikum erzielt haben mag. Denn Stilistika zielen stets auf bestimmte künstlerische Wirkungen, und um der Wirkungsäquivalenz willen darf der Übersetzer die Stilmittel, die seine Vorlage verwendet, nicht verwischen und nicht einebnen.

Ein Beispiel aus dem Bereich der Kunstprosa, aus der mit den Stilmitteln der Rhetorik durchtränkten Geschichtsschreibung – das Anfangskapitel der *Germania* des Tacitus –, möge das hier Gemeinte veranschaulichen: ein Vergleich dreier Versionen (aus den Jahren 1932, 1929 und 1971) soll zeigen, in welchem Ausmaß eine jede Version die besonderen Stil- und Ausdrucksmittel des Originals bewahrt hat. Das Original lautet wie folgt:

Germania omnis a Gallis Raetisque et Pannoniis Rheno et Danuvio fluminibus, a Sarmatis Dacisque mutuo metu aut montibus separatur; cetera Oceanus ambit, latos sinus et insularum immensa spatia complectens, nuper cognitis quibusdam gentibus ac regibus, quos bellum aperuit.
Rhenus Raeticarum Alpium inaccesso ac praecipiti vertice ortus modico flexu in occidentem versus septentrionali Oceano miscetur. Danuvius molli et clementer edito montis Abnobae iugo effusus pluris populos adit, donec in Ponticum mare sex meatibus erumpat; septimum os paludibus hauritur.

Die erste der hier ausgewählten Übersetzungen gibt den taciteischen Text so wieder:

»Von den Galliern, Rätern und Pannoniern trennen Rhein und Donau, von den Sarmaten und Dakern gegenseitige Furcht und Gebirge die Germanen. Das übrige Germanien begrenzt das Meer, das breite Buchten und weit ausgedehnte Inselflächen umfaßt. Von den Königen und Völkern, die dort zu Hause sind, haben wir erst vor kurzem einige kennengelernt, der Krieg hat uns den Zugang zu ihnen erschlossen.
Der Rhein entspringt auf einem unbesteigbaren und steilen Gipfel der Rätischen Alpen, wendet sich in mäßiger Biegung nach Westen und mündet in die Nordsee. Die Donau kommt von einer sanft und allmählich ansteigenden Höhe des Schwarzwaldes; sie durchfließt mehr Länder als der Rhein, ehe sie sich in sechs Armen ins Schwarze Meer ergießt. Der siebente Arm verliert sich in Sümpfen.«[19]

In der zweiten Übersetzung nimmt sich der Text so aus:

»Germanien in seiner Gesamtheit wird von den Galliern, Rätern und Pannoniern durch die Flüsse Rhein und Donau, von den Sarmaten und Dakern durch gegenseitige Furcht und durch Gebirge geschieden. Das übrige Germanien umgibt der Ozean, der umfangreiche Landzungen und ungemessen große Inselgebiete umspannt. Doch sind neuerdings einige Völkerschaften und Könige bekannt geworden, die der Krieg erschlossen hat.

Der Rhein entspringt auf der unzugänglichen und schroffen Höhe der Rätischen Alpen, wendet sich in mäßiger Biegung nach Westen und mündet in das Nordmeer. Die Donau kommt von dem sanften, allmählich ansteigenden Rücken des Abnobagebirges, nimmt ihren Lauf durch mehr Länder, bis sie sich in sechs Armen ins Schwarze Meer ergießt. Eine siebente Mündung verliert sich in Sümpfen.«[20]

Die dritte Übersetzung schließlich sucht das Original folgendermaßen zu verdeutschen:

»Germanien insgesamt ist von den Galliern, von den Rätern und Pannoniern durch Rhein und Donau, von den Sarmaten und Dakern durch wechselseitiges Mißtrauen oder Gebirgszüge geschieden. Die weiteren Grenzen schließt das Weltmeer ein, breite Landvorsprünge und Inseln von unermeßlicher Ausdehnung umfassend: erst unlängst wurden einige Völkerschaften und Könige bekannt, zu denen der Krieg den Zugang eröffnet hat.

Der Rhein, auf unzugänglicher und schroffer Berghöhe der Rätischen Alpen entspringend, wendet sich in mäßiger Biegung nach Westen und mündet sodann in das Nordmeer. Die Donau, einem sanften und gemächlich ansteigenden Rücken des Abnobagebirges entströmend, berührt eine Reihe von Völkern, ehe sie mit sechs Armen ins Schwarze Meer eindringt; eine siebte Mündung verliert sich in Sümpfen.«[21]

Das Original ist im Aufbau und in den Formulierungen des Details von größtem Raffinement. Die beiden ersten Wörter spielen offensichtlich auf den Anfang von Cäsars »Gallischem Krieg« an: *Gallia est omnis divisa in partes tres.* Kühn ist die Verbindung der verschiedenartigen Substantive *mutuo metu aut montibus;* fast schon preziös klingen die Partizipialkonstruktionen, die, weit ausladend, an das Sätzchen *cetera Oceanus ambit* angehängt sind. Die beiden an erster Stelle genannten und für die Römer wichtigsten Grenzen, Rhein und Donau, werden im zweiten Absatz des näheren erläutert – dort finden wir eine wohldosierte Mischung von Parallelismen und Variationen. Immerhin enthält auch dieser Text einiges Konventionelle. So pflegten die Römer bei geographischen Eigennamen die jeweilige Gattung hinzuzufügen: *flumen Rhenus, mons Abnoba*. Im Deutschen fehlt es an einer derartigen Konvention; folglich ist es bei bekannten Eigennamen unnötig, die Gattungsbezeichnungen wiederzugeben.

Doch hier kommt es vor allem auf die Behandlung an, welche die drei Versionen den individuellen Merkmalen, den Stilmitteln des taciteischen Textes angedeihen lassen. Da zeigt sich sofort, daß die Übersetzung 1 den kunstvoll arrangierten Anfang durch eine in diesem Falle ganz unangebrachte Transformation ins Aktiv zerstört hat – Germanien, das Titelwort des ganzen Werkes, rückt in die Endposition. Richtig verfahren hingegen die Übersetzungen 2 und 3, wobei allerdings die Übersetzung 2 das unscheinbare Wort *omnis* durch die schwerfällige Formel »in seiner Gesamtheit« wiedergibt – auch Länge und Gewicht der einzelnen Satzelemente gehören zu den Faktoren, die ein auf Äquivalenz erpichter Übersetzer beachten muß. Dann, bei der durch *cetera* eingeleiteten zweiten Hälfte der Periode, setzen alle drei Versionen neu ein: die Version 1 zerhackt den Rest in drei selbständige Sätze; die Versionen 2 und 3 kommen mit zwei Sätzen aus, wobei die Version 3 deren enge Zusammengehörigkeit durch einen Doppelpunkt andeutet. Hierbei hat nur die Version 3 das lateinische Partizip *complectens* zu bewahren gewagt, und zwar offensichtlich nach der Maxime, daß ein preziöses Original auch übersetzt preziös klingen sollte. Was hingegen statt dessen die Versionen 1 und 2 bieten, nimmt sich eher nüchtern und hausbacken aus.

Der zweite Absatz bestätigt das bisherige Bild. Tacitus kennzeichnet die beiden Ströme jeweils durch drei Daten, durch Ursprung, Verlauf und Mündung; hierfür hat er im Falle des Rheines die Folge Partizip-Partizip-Hauptsatzprädikat (*ortus – versus – miscetur*), im Falle der Donau hingegen die Folge Partizip-Hauptsatzprädikat-Nebensatz (*effusus – adit – donec ... erumpat*) gewählt. Die Übersetzungen 1 und 2 nehmen auf dieses Filigranwerk keinerlei Rücksicht: sie transformieren sämtliche Partizipien in Hauptsatzprädikate und stellen so ein spannungsloses Nebeneinander gleichartiger Satzelemente her.

So viel zu den Grenzen zielsprachenorientierten Übersetzens. Kunstprosa darf nicht in Alltagsdeutsch transponiert, sondern muß – wie, nach Schadewaldt, auch alle Dichtung – ausgangssprachenorientiert, dokumentarisch übersetzt werden; wer, sei es aus Unachtsamkeit, sei es um Fremdartigkeit zu eliminieren, anders verfährt, raubt dem Text seine künstlerische Eigenart und stuft ihn zu einem bloßen Vermittler von Inhalten herab. Eine derartige abbildende Übersetzung sollte von Zeit zu Zeit auch im Unterricht anwesend sein: die Beschäftigung mit Kunstprosa darf sich nicht in grammatischen und inhaltlichen Fragen erschöpfen (wozu beschäftigte man sich sonst mit ihr), und die Analyse einer schon vorhandenen oder die Verfertigung einer neuen Version ist ein gutes Vehikel, die formalen Reize des Originals anschaulich zu machen.

VI. Zur Tradition der Übersetzungsmaximen

Nicht zu Unrecht gilt Cicero als Wegbereiter der Übersetzungstheorie; er hat jedenfalls zum ersten Male die Alternative formuliert, die seither wie nichts anderes alle übersetzerische Tätigkeit beherrscht.[22] Er habe, bemerkt er in der *De optimo genere oratorum* betitelten Einleitung zu seiner (nicht

erhaltenen) Übersetzung des berühmten Redepaares von Ais-
chines und Demosthenes, nicht wie ein Dolmetscher, sondern
wie ein Redner übersetzt, unter Beibehaltung von Gehalt und
rhetorischer Gestalt der Texte, jedoch in einer den Konventionen der lateinischen Sprache Rechnung tragenden Wortwahl:
»Hierbei habe ich es nicht für erforderlich gehalten, für jedes
Wort ein Wort zu bringen; ich habe vielmehr den Ausdruck
im ganzen und seinen Sinn bewahrt. Ich meinte nämlich, daß
es nicht darauf ankomme, dem Leser die Worte zuzuzählen,
sondern vielmehr darauf, sie ihm gleichsam zuzuwägen.«
(§ 14)

Sententiae – verba: Hieronymus nimmt in seinem be-
rühmten Brief 57[23], *De optimo genere interpretandi,* diesen
Gegensatz auf und bringt dort (Kap. 5) das Dilemma allen
Übersetzens auf die folgende Formel:

*Si ad verbum interpretor, absurde resonant; si ob necessitatem ali-
quid in ordine, in sermone mutavero, ab interpretis videbor officio
recessisse.*

Er entscheidet sich – abgesehen von den Heiligen Schriften,
wo selbst die Wortfolge ein Mysterium sei – für das Prinzip
non verbum e verbo, sed sensum exprimere de sensu. Diese
ältesten Ansätze zu einer Übersetzungstheorie sind offenbar,
wie die Antithese *verba – sententiae* vermuten läßt, aus der
rhetorischen Auslegungslehre, aus der dort gängigen Unter-
scheidung von strenger und freier Gesetzesauslegung hervorgegangen; *interpretari* im Sinne von ›Auslegen‹ und im Sinne
von ›Übersetzen‹ hängen eng miteinander zusammen.

Eine modernere und differenziertere Umschreibung des
Methodenkontrastes zwischen ›wörtlich‹ und ›sinngemäß‹
findet sich bei Goethe, der von seinem Freunde Wieland folgendes behauptet:[24]

Es gibt zwei Übersetzungsmaximen: die eine verlangt, daß der Autor einer fremden Nation zu uns herüber gebracht werde, dergestalt, daß wir ihn als den Unsrigen ansehen können; die andere hingegen macht an uns die Forderung, daß wir uns zu dem Fremden hinüber begeben und uns in seine Zustände, seine Sprachweise, seine Eigenheiten finden sollen... Unser Freund, der auch hier den Mittelweg suchte, war beide zu verbinden bemüht, doch zog er als Mann von Gefühl und Geschmack in zweifelhaften Fällen die erste Maxime vor.

Der fremde Autor wird zu uns herübergebracht: so verfährt die zielsprachenorientierte Methode; wir sollen uns zu dem fremden Autor hinüberbegeben: hierzu sucht die ausgangssprachenorientierte Übersetzung anzuleiten. Wieland hat in der Tat, wie es im 18. Jahrhundert allgemein üblich war, zielsprachenorientiert übersetzt: ihm galten Treue und Verständlichkeit als die obersten Prinzipien aller Übersetzung, doch im Konfliktfalle räumte er der Verständlichkeit den Vorrang vor der Treue ein.[25]

Als Goethe seine treffende Charakteristik der Übersetzungsmaximen Wielands niederschrieb, hatte sich in der Praxis des Übersetzens antiker Autoren bereits ein tiefgreifender Wandel vollzogen: man wandte sich ab von der unbefangenen Einverleibung in die eigene Sprache und die eigene Epoche; man suchte auch in dem deutschen Gewande möglichst viel Fremdheit zu bewahren.[26]

Historismus und Romantik hatten wie in allen Bereichen der Geschichte so auch bei den Sprachen und Literaturen das Prinzip der unwiederholbaren Individualität entdeckt, und hieraus schien zu resultieren, daß es unmöglich sei, Form und Inhalt eines Literaturwerks vom bedingenden Grunde des ursprünglichen Sprachsystems zu lösen und in ein anderes zu transponieren; folglich durfte man (so lautete die nunmehr maßgebliche Lehre) gar nicht erst versuchen wollen, durch zielsprachenorientiertes Übersetzen ein dem Original in etwa ebenbürtiges Werk zu schaffen. Die Übersetzung sollte nur noch zum Original hinführen dürfen, indem sie die Eigentümlichkeiten des ursprünglichen Sprachgewandes im Medium der Zielsprache abzubilden suchte. Schleiermacher, neben Wilhelm von Humboldt der wichtigste Repräsentant der neuen Richtung, brachte dieses Postulat auf die Formel:[27]

Das nämliche Bild, den nämlichen Eindruck, welchen er (der Übersetzer) selbst durch die Kenntnis der Ursprache von dem Werk, wie es ist, gewonnen, sucht er den Lesern mitzuteilen, und sie also an seine ihnen eigentlich fremde Stelle hinzubewegen.

Den Lesern sollte also die genuine Gestalt des übersetzten Werkes zugänglich gemacht werden, und zwar durch eine Methode des Übersetzens, welche die Zielsprache der Ausgangssprache anbiegt, soweit es die Regeln der Zielsprache nur irgend erlauben. Schleiermacher selbst, Voss seit der Neufassung der *Odyssee* (1793) und viele nach ihnen haben diese Methode befolgt, und so verfestigte sich das ausgangssprachenorientierte Übersetzen zumal im Bereich der Dichtung zu einer Tradition, die bis zur Gegenwart reicht.

Wer sich vor Augen führen will, welch radikaler Wandel zwischen Aufklärung und Goethezeit, zwischen Wieland und Voss stattgefunden hat, und wer sich andererseits von dem erstaunlichen Ausmaß an Kontinuität überzeugen möchte, das Produkte der Goethezeit mit denen der Gegenwart verbinden kann, der braucht nur drei Versionen desselben Textes – von Wieland, aus dem frühen 19. Jahrhundert, von heute – zu vergleichen, etwa den Anfang der Horaz-Satire 2,6: *Hoc erat in votis, modus agri non ita magnus …* Wieland gibt ihn so wieder:

Mein höchster Wunsch war einst ein kleines Feld,
ein Garten, eine Quelle nah am Hause,
und etwas Wald dazu: die Götter haben mehr

und Bessers mir gegeben: mir ist wohl,
ich bitte weiter nichts, o Majens Sohn,
als daß du mir erhaltest, was du gabst.

Bei Voss nehmen sich dieselben Verse so aus:[28]

Das war immer mein Wunsch, ein Äckerchen, nicht zu geräumig,
wo ein Garten und nahe dem Haus ein lebender Quell sei,
auch darüber ein wenig von Waldungen. Mehr noch und Bessers
haben die Götter verliehn. Wohl ist! Nichts weiter erfleh' ich,
Majas Sohn, als daß du zu eigen mir dieses Geschenk machst.

Und Karl Büchner hat diese Partie wie folgt verdeutscht:[29]

So war's ersehnt von den Göttern: ein Stückchen Boden bescheiden,
wo sich ein Garten, dem Hause benachbart die ständige Quelle
und überdies etwas Wald sich befände. Sie haben es reicher,
haben es besser gemacht. Es ist recht. Ich erbitte nichts weiter,
Sohn der Maja, als daß dies Geschenk du zu eigen mir machest.

Es fällt sofort auf, daß der Hiat zwischen Wieland und seinen
beiden Nachfolgern zuallererst durch das Versmaß bewirkt
wird: Wieland mied – zielsprachenorientiert – den im Deutschen überaus problematischen Hexameter; Voss und Büchner suchten ihn – der Ausgangssprache folgend – zu retten.
Alles andere, die Wortstellung und Wortwahl, scheint mehr
oder weniger hierdurch bedingt zu sein.

Das humanistische Gymnasium humboldtscher Prägung
hat gewiß erheblich dazu beigetragen, daß im 19. und noch im
20. Jahrhundert ausgangssprachenorientierte Übersetzungen
antiker Autoren toleriert, ja bevorzugt wurden, im Unterschied zu anderen Größen der ›Weltliteratur‹, zu Cervantes,
zu Shakespeare oder zu Dostojewski: es gab eben ein ziemlich
breites Publikum, das die Griechen und Römer im Original zu
lesen vermochte und demzufolge Übersetzungen desto höher
schätzte, je besser sie die Originale erschlossen, je mehr sie
sich am Ausgangstext orientierten.

Gleichwohl darf man sich die Übersetzungspraxis des 19. Jahrhunderts nicht so vorstellen, als sei damals monoton einzig und allein ausgangssprachenorientiert verfahren worden. Die berühmteste Ausnahme war Ulrich von Wilamowitz-Moellendorff. Seine Übersetzungen griechischer Tragödien orientierten sich in extremem Maße an der Zielsprache, am Literaturdeutsch der Goethe-Epigonen und des Realismus.[30] Er hat sich in dem erweiterten Vorwort zum euripideischen *Hippolytos* zu seinem geradezu gewaltsamen Vorgehen bekannt; seine Darlegungen gipfeln in den Sätzen[31]:

Es gilt auch hier, den Buchstaben verachten und dem Geist folgen, nicht Wörter noch Sätze übersetzen, sondern Gedanken und Gefühle aufnehmen und wiedergeben. Das Kleid muß neu werden, sein Inhalt bleiben. Jede rechte Übersetzung ist Travestie. Noch schärfer gesprochen, es bleibt die Seele, aber sie wechselt den Leib: die wahre Übersetzung ist Metempsychose.

Das Ergebnis dieses Ausbruchs in die Modernität war allerdings, wie Schadewaldt mit Recht feststellt, »ein seltsames Gemisch von Schiller, Geibel, protestantischem Kirchenlied, spätgoetheschen Rhythmen, Hebbelschem Dialog mit seltsamen Abstürzen in die Alltagssprache« (siehe Anm. 30).

Noch aus einem ganz anderen Grunde muß man sich davor hüten, die Tradition des ausgangssprachenorientierten Übersetzens, wie sie sich im 19. und 20. Jahrhundert behauptet hat, schlechtweg für homogen zu halten. Denn einzig die Gründerfiguren der Goethezeit, insbesondere Johann Heinrich Voss, konnten sich im prägnanten Sinne um ausgangssprachlich orientierte, in der Zielsprache fremdartig klingende Übersetzungen bemühen; diese aber wurden, sofern sie erfolgreich waren, alsbald zu Bestandteilen der Zielsprache, des Deutsch jener Tage, und die zahlreichen Nacheiferer orientierten sich in ihrem Übersetzungsstil weniger an den griechischen und lateinischen Originalen als an ihnen, zumal am

Homer und den zahlreichen anderen Verdeutschungen von Voss.

Die Qualität einer Übersetzung bemißt sich nicht nur nach ihrem Verhältnis zum fremdsprachlichen Original, sondern auch nach dem zu ihren Vorgängerinnen in der gleichen Sprache. Die vermeintliche Homogenität der Übersetzungspraxis von der Goethezeit bis heute ist in Wahrheit zuallererst Epigonentum. Insofern hat Schadewaldt recht daran getan, aus dieser Tradition auszubrechen und sich durch den Verzicht auf die strengen Versmaße der Originale Spielraum für eine neue, unverbrauchte Art ausgangssprachenorientierten Übersetzens zu verschaffen.

Anmerkungen

[1] Siehe R. NICKEL, Altsprachlicher Unterricht. Darmstadt 1973, S. 119 ff., und: Die Alten Sprachen in der Schule. Kiel 1974, S. 130 ff.

[2] FR. MAIER, Lateinunterricht zwischen Tradition und Fortschritt, Bd. 1. Bamberg 1979, S. 205 ff.

[3] N. WILSING, Die Praxis des Lateinunterrichts, Bd. 1. Stuttgart ²1964, S. 144.

[4] E. HERMES, »Latein in unserer Welt«, in: Gymnasium 73, 1966, S. 115, mit Berufung auf A. MITSCHERLICH, Auf dem Wege zur vaterlosen Gesellschaft.

[5] D. LOHMANN, »Die Schulung des natürlichen Verstehens im Lateinunterricht«, in: AU XI/3, 1968, S. 37.

[6] So z. B. R. NICKEL, Altsprachl. Unt. (siehe Anm. 1), S. 106.

[7] Siehe das Literaturverzeichnis bei R. NICKEL, »Die Arbeit mit Übersetzungen«, in: W. HÖHN / N. ZINK (Hrsg.), Handbuch für den Lateinunterricht, Sekundarstufe II. Frankfurt / M. / Berlin / München 1979, S. 203 ff.

[8] W. SCHADEWALDT, Antikes Drama auf dem Theater heute. Pfullingen 1970 = Hellas und Hesperien, Zürich / Stuttgart ²1970, Bd. 2, S. 650–671, hier S. 658.

[9] Dem Verfasser ist dies insbesondere durch das Studium des Buches von W. WILSS, Übersetzungswissenschaft. Probleme und Methoden. Stuttgart 1977, widerfahren.

[10] Hrsg. von R. TGAHRT u. a., Marbach 1982.

[11] Für die griechische Literatur sei

auf den Überblick von H. Flashar, »Formen der Aneignung griechischer Literatur durch die Übersetzung«, in: Arcadia 3, 1968, S. 133–156 = Eidola. Ausgewählte Kleine Schriften, herausgegeben von M. Kraus. Amsterdam 1989, S. 486–508, verwiesen; für die lateinische Literatur scheint etwas Ähnliches noch nicht zu existieren.

[12] Rezeptionsgeschichtlich orientierte Einzeluntersuchungen hingegen sind durchaus vorhanden; als Beispiel sei die vorzügliche Arbeit von G. Häntzschel, Johann Heinrich Voss. Seine Homer-Übersetzung als sprachschöpferische Leistung. München 1977, genannt.

[13] K. Reiss, Möglichkeiten und Grenzen der Übersetzungskritik. München ³1986; siehe auch dieselbe, »Textbestimmung und Übersetzungsmethode. Entwurf einer Texttypologie«, in: Übersetzungswissenschaft, hrsg. von W. Wilss (Wege der Forschung 535), Darmstadt 1981, S. 76–91. Vgl. auch R. Nickel, Die Arbeit mit Übersetzungen (siehe Anm. 7), S. 196.

[14] Schadewaldt schlägt daher vor, auf metrische Strenge zu verzichten, und in diesem Zusammenhang fällt das Wort von der Kunst des richtigen Opferns. Über die Richtigkeit dieser Maxime läßt sich streiten; sie ist jedenfalls zeitgebunden.

[15] Diese Bestimmung entspricht der These Schadewaldts, daß umgangssprachliche, stark durch idiomatische Wendungen geprägte Texte transponierend zu übersetzen seien; allerdings wird hier der Umkreis, der gewöhnliche, nicht auffällig durch Termini geprägte Texte einbezieht, etwas weiter gezogen.

[16] Es bedarf kaum des Hinweises, daß hiermit auch für die Kunstprosa reklamiert wird, was Schadewaldt für die Dichtung fordert: dokumentarisches Übersetzen.

[17] Wer nur über einen ›restringierten Code‹ verfügt, vermag dergleichen ebensowenig zu verstehen wie der Held der bekannten Erzählung Plenzdorfs die Sprachform des goetheschen »Werther«.

[18] Das Folgende nach meiner Skizze: Vom Übersetzen aus dem Lateinischen, Sonderdruck der Stiftung »Humanismus heute«. Freiburg Br. / Würzburg ²1988, S. 12 ff.

[19] Tacitus, Germania, übersetzt von H. Ronge. München 1932.

[20] Tacitus, Germania, übersetzt von E. Fehrle. München 1929.

[21] Tacitus, Germania, übersetzt von M. Fuhrmann. Stuttgart 1971.

[22] Siehe z. B. G. Mounin, Die Übersetzung. Geschichte, Theorie, Anwendung. München 1967, S. 24.

[23] Eine – nicht immer zuverlässige – Übersetzung dieses Briefes eröffnet die im übrigen vorzügliche Quellensammlung, die H. J. Störig herausgegeben hat: Das Problem des Übersetzens (Wege der Forschung 8), Darmstadt ³1973.

[24] Zu brüderlichem Andenken Wielands (1813), Gedenkausgabe der Werke, Briefe und Gespräche Goethes, hrsg. von E. Beutler, Bd. 12. Zürich / Stuttgart ²1962, S. 705.

[25] Siehe hierzu Chr. M. Wieland, Übersetzung des Horaz, hrsg. von M. Fuhrmann. Frankfurt / M. 1986, S. 1089 ff.

[26] Zum Folgenden vgl. M. Fuhrmann, »Von Wieland bis Voss: Wie verdeutscht man antike Autoren?«, in: Jahrbuch des Freien Deutschen Hochstifts 1987, S. 1–22.

27 Methoden des Übersetzens (1813), in: Das Problem des Übersetzens (siehe Anm. 23), S. 48.

28 Q. Horatius Flaccus, Werke, hrsg. von J. H. VOSS. Braunschweig ³1822, Bd. 2, S. 137.

29 Horaz, Sermones, Satiren, hrsg. von K. BÜCHNER. Stuttgart 1972, S. 149.

30 Siehe hierzu W. SCHADEWALDT, »Antike Tragödie auf der modernen Bühne«, in: Hellas und Hesperien, Bd. 2, S. 636; H. FLASHAR, »Aufführungen von griechischen Dramen in der Übersetzung von Wilamowitz«, in: W. M. CALDER III / H. F. T. LINDKEN (Hrsg.), Wilamowitz nach 50 Jahren. Darmstadt 1985. S. 308 ff. = Eidola (siehe Anm. 11), S. 651 ff.

31 Was ist übersetzen, in: Reden und Vorträge, Bd. 1. Berlin ⁴1925, S. 8.

QUELLEN

Textquellen

Die Antike und ihre Vermittler. Bemerkungen zur gegenwärtigen Situation der klassischen Philologie. –
Konstanz 1969, 43 Seiten

Cäsar oder Erasmus? Überlegungen zur lateinischen Lektüre am Gymnasium. –
Vortrag, gehalten während des 2. International Congress of Neo-Latin Studies in Amsterdam (19.–24. 8. 1973). Zuerst in: Gymnasium 81 (1974), S. 394–407. Auch veröffentlicht in: M. Fuhrmann, Alte Sprachen in der Krise. Stuttgart 1976, S. 83–94. Sowie in: Acta Conventus Neo-Latini Amstelodamensis, herausgegeben von P. Tuynman / G. C. Kuiper / E. Kessler. München 1979, S. 390–409.

Von den Ursachen des Verfalls der Allgemeinbildung. –
Vortrag, gehalten am 11. Oktober 1980 zum 350jährigen Jubiläum des Albert-Magnus-Gymnasiums in Rottweil. Auszugsweise unter dem Titel »Das bürgerliche Gymnasium ist tot« veröffentlicht in der Frankfurter Allgemeinen Zeitung vom 29. Oktober 1980, S. 7.

Der neue Kanon lateinischer Autoren – Traditionsverluste im neuhumanistischen Gymnasium. –
In: Klassik im Vergleich: Normativität und Historizität europäischer Klassiken, hrsg. von W. Vosskamp, Stuttgart / Weimar 1993, S. 389–402.

»Wie die jungen Leute die Dichter auffassen sollen« – Dichtung als Norm. –
In: Wahrheit der Schrift – Wahrheit der Auslegung, herausgegeben von H. Fr. Geissler u. a. Zürich 1993, S. 125–158.

Die gute Übersetzung: Was zeichnet sie aus, und gehört sie zum Pensum des altsprachlichen Unterrichts? –
In: Der altsprachliche Unterricht 1992, Bd. 1: Die Kunst des Übersetzens. Seelze, S. 4–20. Auch veröffentlicht in: Lampas 25 (1993), S. 97–116.

Bildquellen

Seite 26:
Friedrich August Wolf – John Edwin Sandys, A History of classical Scholarship (Vol. III). Cambridge 1908.

Seite 58:
Caesar – German Hafner, Bildlexikon antiker Personen. Zürich 1993.

Seite 68:
Erasmus – Bildarchiv der Universitätsbibliothek Tübingen.

Seite 130:
Titelseite aus Plutarch-Ausgabe, Moralia, aus den Beständen der Universitätsbibliothek Tübingen.

Seite 178:
Wolfgang Schadewaldt – Wolfgang Schadewaldt, Hellas und Heperien. Zürich 1960.

MANFRED FUHRMANN

Es gibt Treffer, die ganz unbeabsichtigt sind, aber glücklicher nicht erzielt werden könnten. Als ich Manfred Fuhrmann für meinen Plan zu gewinnen suchte, eine Auswahl seiner Essays, die der Reform des Lateinunterrichts und einer vorwärts gerichteten Erbschaft der antiken Kultur gelten, in einem Promenade-Band zusammenzustellen, lag mir nichts anderes im Sinn, als diese unveralteten, ja mit jedem Tag aktueller und fordernder werdenden Plädoyers zur Geltung zu bringen. Denn eben dies, so ihr Autor einmal, habe er nicht erreicht, die Latinistik habe die Rolle, die er ihr zugedacht: »Schlüsselfach der europäischen Tradition zu sein«, nicht angenommen. Hier, erkannte ich, sollte doch ein Versäumnis wieder gutgemacht werden, denn der Schaden trifft uns alle, in Schule, Universität, Erwachsenenbildung. Erst als die Druckfahnen schon vorlagen, wurde offenbar, daß der Erscheinungstermin des Bandes und der 70. Geburtstag seines Autors aufs schönste zusammentreffen würden. Ein Zufall oder doch unterschwellige Vorkehrung? – »Beweist man denn Harmonie?« hat Ernst Jünger auf eine vergleichbare Frage entgegnet.

So kommt mein Glückwunsch, lieber Herr Fuhrmann, nicht nur zur rechten Zeit, sondern auch in einem passenden Rahmen. Mehr habe ich freilich für diesmal nicht mitgebracht, denn das Bild selber stammt von Ihnen, trägt Ihre unverwechselbare Handschrift. Jedes entschieden charakteristische Werk formt aus sich selber ein Leit- oder Erkennungswort, einen – um es paradox auszudrücken – individuellen Topos, auf den sich alle Einzeläußerungen beziehen lassen und der die Fundstätte angibt, der ein Autor die Fülle und die

Persistenz seines Geistes verdankt: ich habe ihn im Titel Ihrer Konstanzer Antrittsvorlesung »Die Antike und ihre Vermittler« gefunden. Wohl alles, was Sie gedacht und geschrieben, hat sich aus dieser Konstellation entwickelt, denn immer haben Sie die alten Sprachen, haben Sie antike Literatur, Philosophie und Kunst in den Wellenbewegungen verfolgt, in denen sie bis heute fortströmen und die das Substrat ihrer Vermittelbarkeit überhaupt ausmachen. Auch Ihr besonderes Interesse für das römische Recht gehört hierher. Denn ausdrücklich enthält das römische Rechtsdenken die Klarheit und humanistische Kraft, die Sie auf den Weg in die Antike geschickt haben. Wobei in ausgezeichneter Weise doch die Qualität des Richtmaßes hinzukommt, das Ihre Architektur der Überlieferung in Grundriß und Ausführung beherrscht.

Denn ein Gebäude ist die Tradition, in die Sie freigebig alle, die guten Willens sind, zum gemeinsamen Gastmahl einladen. Wer einmal, wie auch ich, das Glück genießen durfte, von Ihnen in der weiträumigen Anlage (die von vielen als unendlich angesehen wird) ein wenig nur herumgeführt zu werden, der möchte nicht mehr zurück und möglichst gleich von vorne – von sehr weit vorne – anfangen. Ihre in alle Richtungen ausgreifende Bildung wäre erschreckend und einschüchternd, wenn Sie sie nicht so selbstverständlich behandelten: was man selber an Bruchstücken beisteuern kann, schließt sich dann endlich zur Figur zusammen. Glücklich die Konstanzer Studenten, die Sie als Lehrer unter sich haben durften, doch sind wir anderen, die Ihre Wirkung von ferne verspüren, nicht minder dankbar, daß es Sie gibt.

Gert Ueding, im Frühjahr 1995

Ein Stück spannender Weltliteratur:
Die Josephsgeschichte »erster Hand« – in einer neuen,
poetisch und ästhetisch faszinierenden Übersetzung.

Harald Schweizer

Joseph.

Urfassung der alt-
testamentlichen Erzählung
Genesis 37–50.

Mit Collagen von
Jonas Balena

149 Seiten. geb.
39,80 DM / 311,– öS /
38,80 sfr
ISBN 3-9803240-1-X

Klöpfer & Meyer Tübingen

»Der Versuch Harald Schwei-
zers, den Grundtext der Josephsgeschichte ›hervorzuho-
len‹, scheint mir persönlich gelungen. Das Buch vermag viele
mit der Bibel neu anzufreunden.
Die Präsentation ist eine Augen-
weide und sollte Käufer mit er-
lesenem Geschmack mit Buch-
freude beglücken.« *Professor*
Dr. Alfons Deissler, Freiburg

»Der neue alte Joseph: Harald
Schweizer macht in seiner
Übersetzung und Rekonstruk-
tion der Josephsgeschichte
keine Konzessionen ans zeitge-
nössische Sprachgefühl. Der
Leser bekommt mit diesem Ur-
›Joseph‹ ein entschlacktes
Stück Weltliteratur im ›bunten
Rock‹, ein sorgfältig und an-
sehnlich gestaltetes Buch.«
Schwäbisches Tagblatt

»Von Seite zu Seite mehr liest
man die ›Urgeschichte Josephs‹
in fast hypnotischem Enthusias-
mus: ein vorzügliches, ein bei-
spielhaftes Buch.« *Börsenblatt*
für den Deutschen Buchhandel

Die Deutsche Bibliothek – CIP-Einheitsaufnahme

Fuhrmann, Manfred: Cäsar oder Erasmus? :
Die alten Sprachen jetzt und morgen. –
Tübingen : Klöpfer & Meyer, 1995
(Promenade 3)   ISBN 3-9803240-7-9   NE: GT

Lektorat: Hubert Klöpfer, Tübingen. Satz: Klaus Meyer, Tübingen.
Umschlag: Ute Ringwald, Frankfurt. Bildbearbeitung: ScreenArt,
Wannweil. Druck: Gulde, Tübingen. Einband: Großbuchbinderei
Heinrich Koch, Tübingen.